SV

Das Leben leben zu können ist immer dem Einzelnen überlassen. Dem modernen Menschen, der auf Wissenschaft, Technik und politische Systeme vertraut, fehlt es jedoch an diesem Können. Anstatt darüber zu klagen, geht es dem Autor um die Arbeit an einer neuen Lebenskunst, zu der die Philosophie einen Beitrag leisten kann. Die Frage »Was soll ich tun?« hat hier keinen moralischen, sondern einen existenziellen Sinn und zielt auf die Kunst der Existenz, um aus dem fremd gewordenen Leben ein eigenes werden zu lassen. Dazu dient das Nachdenken über den Umgang mit Gewohnheiten, Lüsten und Schmerzen, mit Zeit und Tod, über die Künste der Ironie, des »Negativdenkens«, der Gelassenheit, auch über eine ökologische Lebenskunst, um auf die entscheidenden Herausforderungen der Zeit zu antworten.

Wilhelm Schmid, geboren 1953, lebt in Berlin. Er ist einer der erfolgreichsten philosophischen Publizisten in Deutschland und hält mit immensem Erfolg zahlreiche Vorträge. Zudem lehrt er Philosophie als außerplanmäßiger Professor an den Universitäten in Erfurt und Tiflis/Georgien. Regelmäßig arbeitet er als »philosophischer Seelsorger« in einem Krankenhaus in der Schweiz. Homepage: www.lebenskunstphilosophie.de

Wilhelm Schmid

Schönes Leben?

Einführung
in die Lebenskunst

Suhrkamp

Umschlagfoto:
Sakis Papadoupoulos/getty images

Erste Auflage dieser Ausgabe 2005
© Suhrkamp Verlag Frankfurt am Main 2000
Druck und Bindung: Ebner & Spiegel, Ulm
Printed in Germany
ISBN 3-518-06827-X

1 2 3 4 5 6 – 10 09 08 07 06 05

Inhalt

Vorwort

Ist das Leben, das wir leben, unser »eigenes«? Es wird bestimmt von Faktoren, auf die wir doch kaum Einfluss haben, von Mächten, die nach Belieben mit uns umzuspringen scheinen. Gleichwohl wird dieses Leben zu unserem eigenen – spätestens am letzten Tag. Nur wir selbst werden es zu Ende bringen, wer oder was auch immer es bestimmt haben mag. Wir allein sind – vor uns selbst – für dieses Leben verantwortlich, niemand sonst wird, schon gar am ultimativen Punkt, diese Verantwortung übernehmen. Lebenskunst ist die Ernsthaftigkeit des Versuchs, aus diesem Grund sich das Leben beizeiten selbst anzueignen und vielleicht sogar ein »schönes Leben« daraus zu machen. Einige Ideen und Kunstgriffe dazu finden sich hier.

Fern davon, »leicht« zu sein, ist die Lebenskunst die Arbeit an der eigenen Autonomie, auch die Hilfestellung hierzu für Andere. Dass Lebenskunst von manchen leichthin für »etwas Oberflächliches« gehalten wird, ist auf den Umstand zurückzuführen, dass sie in moderner Zeit kein Gegenstand ernsthafter Reflexion mehr war. Eigentlich ist Lebenskunst jedoch »etwas Philosophisches«, schon das Wort selbst entstammt der Philosophie und war bereits in antiker Zeit im Gebrauch. Der Versuch zur Erneuerung einer »Philosophie der Lebenskunst«[*] knüpft daran an; dass dies auf einiges Interesse in den verschiedensten Bereichen der Gesellschaft gestoßen ist (eine unerwartet integrative Wirkung der Lebenskunst), ist zweifellos der Situation der Zeit geschuldet: Das Ende der Ideologien, das Ende der mit ihnen verbundenen

---

[*] Wilhelm Schmid: *Philosophie der Lebenskunst – Eine Grundlegung.* Suhrkamp Taschenbuch Wissenschaft, Frankfurt a. M. 1998, 8. Auflage 2001.

Träume, sozialistischen wie kapitalistischen, das Ende der allzu optimistischen Utopien, die mit Wissenschaft und Technik in der Moderne des 19. und 20. Jahrhunderts verbunden waren, wirft die Menschen in ungeahntem Maße auf sich selbst zurück. Nichts und niemand, so ahnen sie, wird jemals die perfekte Welt schaffen, in der das Leben unproblematisch ist; Ideologien und Utopien haben eher neue Probleme herbeigeführt, mit denen viele nicht mehr zu leben verstehen. Und selbst wenn es dereinst gelänge, eine »ideale« Gesellschaft zu schaffen – woher der naive Glaube, der Lebensvollzug verstünde sich dann quasi von selbst?

Das Bemühen um eine Neubegründung der Lebenskunst ist der Versuch zu einer Antwort darauf. Wichtig sind jedoch die Vorzeichen dafür: nicht *normativ* vorzugehen, Normen und allgemeine Verbindlichkeiten schaffend, sondern *optativ*, Optionen und Möglichkeiten eröffnend. Unter diesen Vorzeichen sind die Vorschläge zu lesen, die hier gemacht werden: Es handelt sich also nicht etwa, wie in der früheren Geschichte der Philosophie, um eine inhaltliche Festlegung der Lebenskunst, sondern um das Aufzeigen von Bedingungen und Möglichkeiten hierzu. Nicht nur die Wahl der Lebenskunst selbst, sondern auch die Wahl und Einübung einzelner Künste des Lebens obliegt dem jeweiligen Subjekt der Lebenskunst. Die systematische Grundlegung dazu findet sich im genannten, umfassend ausgearbeiteten Ansatz zu einer Philosophie der Lebenskunst, etwa was die zentrale Frage der Wahl oder die Aufklärung von Strukturen, insbesondere Machtstrukturen betrifft, durch deren Kenntnis Spielräume der Wahl erst entstehen können. Dort wird die politische Dimension diskutiert, die aus der Lebenskunst mehr macht als die Pflege privater Gärten; eine lange Erörterung gilt der Frage, was unter dem »Subjekt« der Lebenskunst verstanden werden kann und welche Rolle dessen Beziehungen zu

Anderen spielen. Auch eine Fülle von Nachweisen und weiterführender Literatur ist dort zu finden.

Der ersten Annäherung und dem besseren Überblick aber dient die vorliegende Einführung in die Lebenskunst. Das Buch unternimmt, der »Philosophie der Lebenskunst« folgend, eine »Exkursion in die Philosophie« anhand eines Bildes des Malers Edward Hopper, einen Ausflug also in jenen Raum des Denkens, in dem die Frage nach dem Leben gestellt werden kann, um die Antwort zu suchen, die das Lebenkönnen wieder ermöglicht. Der Schwerpunkt des Buches liegt auf der praktischen Seite möglicher Antworten, auf der Ausarbeitung von Künsten im Umgang mit Gewohnheiten, Lüsten, Schmerzen, Zorn, Zeit und Tod, Künsten der Ironie, des »Negativdenkens« und der Gelassenheit. Mit dem Entwurf zu einer *ökologischen* Lebenskunst wird auf die entscheidende Herausforderung der Zeit, mit einer »Lebenskunst im Cyberspace« auf die *Internetisierung* der Existenz zu antworten versucht. Ausgewählte Abschnitte aus der »Philosophie der Lebenskunst« hierzu werden um neuere Reflexionen über Gesundheit, Heiterkeit, Glück und die Frage nach Sinn ergänzt.

Zur Kunst in der Lebenskunst, zum »gekonnten Leben« und zur bewussten Lebensführung kann das philosophische Nachdenken einen Beitrag leisten. Philosophisch ist die Suche nach Gründen und Begründungen, die Klärung von Begriffen, das Ausfindigmachen von Strukturen und grundlegenden Zusammenhängen, das Durchdenken von Bedingungen und das Auseinanderlegen von Möglichkeiten. In diesem Sinne kann die Philosophie Hilfestellung bieten bei der Aufklärung einer Lebenssituation; sie verhilft dazu, besser zu verstehen, was geschieht, welche Möglichkeiten ein Individuum hat oder nicht hat. Die wichtigste Lebenshilfe wird auf der Ebene des Denkens geleistet, denn allzu häufig sind wir nicht etwa das Opfer äußerer, anonymer Mächte oder innerer, psychischer Strukturen, sondern Opfer eines Denkens, das uns über eine Sache dies und nichts anderes denken lässt. Das Denken kann Haltung und Verhalten beeinflussen und aus Engpässen befreien.

Und was kann »schönes Leben« in diesem Zusammenhang bedeuten? Wie beim Begriff der Lebenskunst selbst, handelt es sich beim »schönen Leben« um einen vergessenen Begriff der antiken Ethik und Ästhetik, der erneut in die Debatte eingeführt werden soll, um über das allzu unkritisch gedachte »gute« oder gar »gelingende Leben« hinauszukommen. Der Begriff des »schönen Lebens« zieht sich wie ein roter Faden durch die verschiedenen Texte; ihn ins Zentrum zu rücken, ist das wichtigste Anliegen des Buches. In der Geschichte der Philosophie, bei Platon ebenso wie bei Diogenes oder Epikur und den Stoikern, war dies eine geläufige Formel: »schön zu leben« (*kalos zen*). Einer, der sagte, er tauge nicht zur Philosophie, erhielt von Diogenes umgehend zur Antwort: »Wozu also lebst du, wenn du dich nicht darum sorgst, schön zu leben?« Sich um ein schönes Leben zu sorgen: damit ist gemeint, das Leben nicht einfach nur dahinzuleben, dem Gesetz der Trägheit folgend, sondern in die Existenz einzugreifen und sie bewusst zum Gegenstand einer Ausarbeitung zu machen. In der Tradition des Humanismus spielte diese Idee des schönen Lebens eine tragende Rolle. Gedacht ist die philosophisch reflektierte Lebenskunst vor diesem Hintergrund nicht als eine Schönwetter-Lebenskunst, die ein Luxusgut für diejenigen sein könnte, die sonst schon alles haben. Vielmehr als eine existenzielle Lebenskunst, für die jegliche Ethik mit der Haltung und dem Verhalten des Individuums selbst beginnt, um am eigenen Leben und, gemeinsam mit Anderen, am gesellschaftlichen Zusammenleben zu arbeiten.

»Exkursion in die Philosophie«:
Edward Hoppers Bild

Ein Ausschnitt aus dem Alltag zweier Menschen: Ein grübelnder Mann, die Stirn in Falten gelegt und mit strengen Bügelfalten in den Hosenbeinen, sinnt angestrengt über etwas nach. Er ist nicht allein, nicht zu übersehen ist die halb entblößte Frau hinter ihm, hingestreckt auf eine Liege, an deren Rand er sitzt, und abgewandt von ihm, ihr Gesicht ist nicht sichtbar. Die quer übers Kopfkissen hingegossenen Haare könnten verraten, dass sie sich abrupt von ihm weggedreht hat, und sie macht nicht die geringsten Anstalten, sich ihm wieder zuzuwenden. Auch er schenkt ihr keinen Blick, er bleibt am Rand der Liege sitzen, in sich zusammengesunken und etwas verkrampft, eine Gestalt der Ratlosigkeit. Unklar bleibt das Verhältnis zwischen beiden, unklar, ob es um dieses Verhältnis geht, unklar, ob es noch ein Verhältnis gibt, unklar erst recht, welchen Sinn in diesem Bild von 1959 die »Exkursion in die Philosophie« haben soll.

Offenkundig kommt es nicht auf die Verteilung der Geschlechterrollen an; dass sie austauschbar sind, zeigte Edward Hopper schon zehn Jahre früher, als er 1949 eine ähnliche Szene malte und mit einem weniger rätselhaften Titel versah: »Summer in the City«. Hinter der vordergründigen Alltäglichkeit verbirgt sich eine viel sagende, in keiner Weise eindeutige Situation. »Sie wissen ja«, sagte er, »welche Fülle von Gedanken und Impulsen in ein Werk eingehen«. Nicht die Verteilung der Rollen, nicht die Besonderheit des Verhältnisses, sondern die Beispielhaftigkeit der Situation ist von Interesse: Beispielhaft für die Ratlosigkeit in bestimmten Situationen des Lebens, für den Stillstand des Lebens in dem Moment, in dem etwas, vielleicht alles, in Frage steht; bei-

spielhaft auch dafür, dass diese Ratlosigkeit, dieses Infrage-
stehen vorzugsweise dort zu erfahren ist, wo es um die Dinge
der Liebe zu gehen scheint.

Eine erste Annäherung unter diesem Aspekt könnte das
Bild als eine Einführung in die Philosophie erweisen, denn
für die Philosophie, wie sie einst in Platons »Symposion« vorgestellt worden war, stellt diese Lebenssituation, die Suche
nach einer Kunst des Umgangs mit den Dingen der Liebe,
eine wichtige Fragestellung dar.* Das Bild brächte dann den
Augenblick der Philosophie zum Ausdruck, den Augenblick
danach, das Einsetzen der Reflexion, das Leben mit der
schmerzlichen Distanz zum Anderen, das Denken in der
Leere der entschwundenen Lust, das unerbittliche Fragen
nach dem Grund. Eine Entzauberung der Welt hat stattge-
funden, und die banale Wirklichkeit macht sich breit. Der
Faden ist gerissen, der dem Leben Sinn verliehen hatte, und
es erscheint höchst ungewiss, ob es ein Leben danach wird
noch geben können. Neben der unmittelbaren Erfahrung
der Sinnlichkeit und dem Traum von der Vereinigung ist dies
eben die komplementäre Erfahrung der Liebe, ihr immer
wiederkehrendes Verhängnis: Sofern die unendliche Seligkeit
erfahren worden ist, wird der Sturz zurück in die Sterblich-
keit nur umso fühlbarer, denn es ist der Sturz aus der Ewigkeit zurück in die Zeit. Und selbst wenn die Seligkeit nur
vor Augen gestanden hat, sind die Folgen nicht minder
schmerzlich: Aus der Ewigkeit verbannt zu bleiben, dem
Gesetz der Zeit auch nicht für einen Augenblick entfliehen
zu können. Das Individuum findet sich zurückgeworfen auf
sich selbst, zwischen den Ruinen der Repräsentation, in den
Trümmern der Welt seiner Vorstellungen, in denen das Eins-

---

*Vgl. Wilhelm Schmid: *Die Geburt der Philosophie im Garten der Lüste* (1987).
Suhrkamp Taschenbuch, Frankfurt a. M. 2000.

Edward Hopper, Exkursion in die Philosophie
(*Excursion into Philosophy*), 1959.
Öl auf Leinwand, 76,2 x 101,6 cm.
Sammlung Richard M. Cohen.

sein mit dem Anderen so große Bedeutung hatte. Wer aber einen schönen Traum geträumt hat, mag in der Realität nicht mehr leben.

Platon zufolge sollte das Individuum sich von der unmittelbar sinnlichen Erfahrung abwenden, um der Idee der »wahren Schönheit« sich zuzuwenden, die nie enttäuschend sein würde. So versucht es wohl auch der Protagonist, der die »Exkursion in die Philosophie« unternimmt. Seine Haltung ist beinahe die des Denkers von Rodin, der über dem Höllentor brütet. Die Sorge zerfurcht seine Stirn. Die sinnliche Schönheit, die hinter ihm liegt, hat er verraten oder sie hat ihn verlassen. Welches Buch hat der Mann da aufgeschlagen? Es scheint unwichtig zu sein, denn er hat es bereits wieder aus der Hand gelegt. Sollte es ein Buch der Philosophie gewesen sein, so hilft ihm deren große Weisheit in dieser Situation wohl auch nicht weiter. Oder er hat dem Buch eine wichtige Anregung entnommen und sinnt weiter darüber nach. Jedenfalls liest er nicht mehr in dem Buch, und wenn Hopper selbst es nicht verraten hätte, würden wir nie erfahren, ob es sich eher um Platons »Symposion« oder um ein anderes Werk handelt, das vom Garten der Lüste und vom Projekt der Philosophie erzählt, wie etwa Marquis de Sades »Justine«, worin die Fackel der Philosophie entflammt und das Denken immer wieder neu entzündet wird am lodernden Feuer der Lüste: Diese Bücher repräsentieren die Spannweite des erotischen Diskurses in der abendländischen Philosophie, einig nur darin, *dass* die Frage des Umgangs mit den Lüsten grundlegend ist für die Philosophie. Von den beiden Optionen – Abwendung von der Unmittelbarkeit der Lüste, Träumen von phantastischen Lüsten – wählt der Mann, der am Rand der Liege sitzt, die erstere; er habe, verrät der Maler, Platon »ziemlich spät in seinem Leben gelesen«. Um einen Triumph der Philosophie handelt es sich in jedem Fall.

Das Bild ist im doppelten Sinne herausgeschnitten aus dem Alltag des Mannes und der Frau. Links das Bild im Bild, abgeschnitten, rechts das Fenster, weit offen, abgeschnitten. Kein Zweifel, Hopper, den man gerne einen »Realisten« nennt, kannte den Impressionisten Degas, der mit derlei Techniken arbeitete, sehr gut. Was er herausgeschnitten hat, ist eine Episode des Paares am hellichten Tag, eine Szene der ebenso gemeinsamen wie einsamen Existenz. In der Zimmerecke spielt sich das ab, es gibt kein Außen dazu. Das grelle Sonnenlicht, das durchs geöffnete Fenster hereinbricht, um sich wie ein Teppich vor die Füße des Mannes zu legen, wirkt wie ein Hohn angesichts der düsteren Atmosphäre im Inneren. Hoppers bittere Ironie: Der Mann stiert auf diesen

Lichtteppich, dieses Abbild der »wahren Schönheit«, als säße er nach dem mühsamen Aufstieg zu ihr am obersten Ende der Stufenleiter, wie dies Diotima in Platons »Symposion« schildert. Aber dieser Flecken aus Licht ist nicht das Licht selbst. So bleibt er der Wahrheit fremd genau in dem Moment, in dem er sie am nötigsten hätte, dem Moment nämlich, in dem das Gelage zu Ende ist. Es herrscht Ruhe, tödliche Ruhe, wie in den meisten Bildern von Hopper. Es spielt sich nichts ab – Hoppers spezifische Form des menschlichen Stilllebens, *High Noon*, stillgestelltes Leben, das etwas Suggestives an sich hat. Ein Schweigen, das ein Schrei ist, eine machtvolle Ohnmacht. Da gibt es keine Dialektik mehr, nur Tragik, stumme Tragik, die geradezu strukturell zu nennen ist, wenn sie auch im banalen, zeitgenössischen Gewand daherkommt.

Exemplarisch festgehalten ist der Moment des *Innehaltens*, das Innehalten als Moment der Philosophie, der Reflexion, verkörpert von der sitzenden und sinnenden Gestalt, eine Darstellung des Denkens im seitlich einfallenden Licht, die in der Geschichte der Kunst zur Metapher der Philosophie geworden ist. Man kann bemängeln, dass die Darstellung den männlichen Protagonisten privilegiert. Aber auch die Frau hält inne, sie verbirgt ihr Gesicht. Die antike Philosophie legt bereits Zeugnis ab von dieser merkwürdigen Haltung des Innehaltens: Sokrates, der zum Symposion geht, bleibt plötzlich stehen, irgendetwas beschäftigt ihn, er will es durchdenken und kommt erst später nach. Ähnlich der Protagonist in Hoppers Bild, der sein Symposion vielleicht schon hinter sich hat und über die Erfahrungen nachdenkt, die er gemacht hat. Das Buch der großen Weisheit legt er zur Seite und beginnt selbst Fragen zu stellen, denn darin besteht die Exkursion in die Philosophie: Was habe ich gemacht und vielleicht falsch gemacht? Warum ist es so gekommen, wie es nun ist?

Wie kann ich mit der Situation zurechtkommen? Wie kann das Leben gelebt, wie geändert werden? Die Exkursion in die Philosophie ist das anfängliche Nachdenken über das, was ist und was geschehen ist, aber auch das sorgsame Vorbereiten der Reise in den weit vorausliegenden Raum, um ihn zu erforschen und zu erschließen. Das ist der Sinn der Exkursion: Das *Danach* ist zugleich ein *Davor* – zwar nach einer Erfahrung, aber immer schon vor einer anderen.

Natürlich kann man fragen, ob das mit Hoppers eigenen Erfahrungen zu tun hat. Warum gerade dieses Motiv? Er wisse nicht genau, warum er dieses oder jenes Sujet wähle, sagte er, aber es gehe ihm bei seinen Motiven darum, dass sie am besten für die Wiedergabe seiner inneren Erfahrungen geeignet seien. Das Motiv des Paares sowie die fragwürdige Lebenssituation, in die man durch die Erfahrung der Liebe gerät und die doch nur exemplarisch für die Erfahrung des Lebens steht, scheinen ihn fasziniert zu haben. Aufschlussreich ist es, wenn man seinem »Hang zum Romantischen« nachgeht: Der Traum vom Einssein erweist sich dann für ihn als grundlegend, als ebenso grundlegend jedoch auch die Enttäuschung. So wird das Bild zur Metapher des Eros und des Lebens und rückt deren widersprüchlichen Charakter ins Licht; es gerät jedoch auch zur Manifestation der Frage, wie sich damit leben lässt. Die Widersprüchlichkeit und die Lebensfrage treffen gerade diesen Maler ins Herz, der so sentimental von der Liebe denkt. Ausgerechnet er muss ein Bild malen, das die Lüge der Liebe entlarvt, denn die Aufhebung der Distanz zwischen zweien, wie sie die romantische Liebe verspricht, gelingt nicht. Wenn schon nicht zwischen zweien, wie sollte sie dann im Raum der Gesellschaft gelingen?

Das Bemühen um eine Harmonie, die den Einzelnen gleichsam auf zarten Händen durchs Leben tragen würde, ist vergebens. Stattdessen ist jeder zurückverwiesen auf sich selbst, während er sich im Anderen zu vergessen hoffte. Bei wem soll ich leben, wenn nicht bei mir selbst? In einer tragischen Kultur gibt es ein Bewusstsein von der Unmöglichkeit des Einsseins. Die moderne Kultur aber hat dieses Bewusstsein auszulöschen versucht. Nun irren die Individuen orientierungslos durch den Raum: So erklärt sich ihre Einsamkeit, diese zentrale Erfahrung der modernen Gesellschaft. Mochte Hopper die Sache mit der Einsamkeit auch für »überstrapaziert« halten, so kannte er doch ihre Erfahrung und bejahte sie in ihrer ganzen Widersprüchlichkeit – man findet bei ihm die Hymne auf die Einsamkeit ebenso wie die Entsetzlichkeit ihrer Erfahrung. Er registriert die stumme, unaufhebbare Distanz zum Anderen, das Phänomen des stillgestellten Menschen, der eingeschlossen bleibt in seine Endlichkeit, die wie eine Ewigkeit erscheint. Wenn die Erfahrung der Distanz zum Anderen der eigentliche Anfang der Philosophie ist, um wieviel mehr das abwesende Antlitz, das abgewandte Gesicht! Die Individuen sind sich fremd, und sie bleiben es, das ist die Bedingung ihrer Existenz; ja mehr noch, sie werden sich umso fremder, je näher sie sich sind. Und die Entfremdung reicht noch tiefer – denn auch das einzelne Individuum selbst ist sich fremd, und es bleibt fremd gegenüber der Wahrheit, der es sich zuwendet in seiner Verzweiflung. Die Entfremdung ist grundlegend und ebenso schmerzlich wie unhintergehbar. Sie ist eingekleidet in ein modernes Gewand, aber von ihr handeln schon die antiken Tragödien. Von ihr erneut zu sprechen, ist ein Schlag ins Gesicht der Zeit, die dem Gott der universellen Kommunikation und Kopulation huldigt. Ist Hopper also ein Pessimist? »Ein Pessimist? Ich glaube schon«, sagt er. »Ich bin nicht stolz darauf.«

Es mag sich um eine Tragödie handeln, aber sie ist von

einer Komödie nicht zuverlässig zu unterscheiden. Eines der letzten Bilder von Hopper, das er 1965, zwei Jahre vor seinem Tod malt, zeigt »Zwei Komödianten«. Sie stehen auf der Bühne, die Vorstellung ist vorbei, und sie verbeugen sich vor dem Publikum. Hopper hat sich selbst und seine Frau, die mit ihm die Komödie der Existenz durchlebte, hier dargestellt, um stilgerecht seinen Abschied zu nehmen; schließlich hatte er schon den gemeinsamen Auftritt auf der Bühne des Lebens im Bild festgehalten (»Ein Paar auf der Bühne«, ca. 1917-20). Der Tod triumphiert über die Lächerlichkeiten des Daseins, über die tragische Entfremdung ebenso wie über den komischen Versuch zu ihrer Aufhebung. Hopper übt sich noch ein letztes Mal im Blick von Außen auf die Inszenierung der eigenen Existenz; ein Blick, der eigentlich ein Element der Orientierung im Leben ist. Die Komik liegt darin, dass die Individuen gewöhnlich erst in dem Augenblick ihre Existenz von Außen sehen, in dem sie abtreten von der Bühne des Lebens.

Warten auf das Leben und
die Suche nach einer neuen Lebenskunst

Die »Exkursion in die Philosophie« erfolgt genau in dem Moment, in dem die Existenz in Frage steht. Das Denken entfaltet sich angesichts des Abgrunds an Verzweiflung, der sich auftut. Es ist die Exkursion in jenen eigenartigen Raum, der Philosophie genannt wird; ein Raum, in dem die Frage nach dem Leben gestellt werden kann, um die Antwort zu suchen, die das Lebenkönnen wieder ermöglicht. Die Frage »Was soll ich tun?« hat hier keinen moralischen, sondern einen existenziellen Sinn und zielt auf eine Kunst der Existenz. Die Kunst könnte darin bestehen, mit der Fragwürdigkeit und Abgründigkeit zu leben und den davon herrührenden Schmerz nicht zu leugnen. Die Exkursion, die Suche nach dem weiteren Weg, ist dabei zuallererst eine Inversion, eine Rückwendung des Selbst auf sich, eine Zurückfaltung, sichtbar geradezu in der Beugung des Körpers, der Krümmung des Rückens bei dem in sich zusammengesunkenen, grübelnden Menschen.

Wenngleich die fragwürdige Erfahrung das Individuum massiv bedrängt, so ist sie doch keine singuläre Erscheinung im leeren Raum; vielmehr werden durch sie hindurch strukturelle Gegebenheiten sichtbar, die eine ganze Zeit und die in ihr möglichen Erfahrungen bestimmen können – das macht es so schwierig, eine Antwort darauf zu finden. Vielleicht hat der Protagonist in Hoppers Bild auch aus diesem Grund Platons Buch zur Seite gelegt und grübelt nun auf eigene Faust: Weil die Antike eine Antwort auf die Probleme der Gegenwart nicht bieten kann. Wenn er den Bedingungen seiner Erfahrung nachgeht, um neue Möglichkeiten des Lebens zu finden, könnte er auf die strukturellen Probleme stoßen, die signifikant für die Kultur der Moderne sind, jedoch auch andere Kulturen auf die eine oder andere Weise affizieren. Die Moderne ist die Epoche, die wie keine andere das Begehren nach Lust mit dem Leben identifiziert hat, ohne doch eine Kunst des Umgangs mit den Lüsten auszubilden. Sie hat den Traum vom universellen Glück genährt, vom guten Leben, das mit dem Wohlstand gleichgesetzt wird, vom Einssein der Einzelnen in einer Gemeinschaft, von der Aufhebung der Widersprüche, um nur noch für die Lust zu leben; ein wirkliches Arkadien, ein einziger Schauplatz des glückseligen Lebens: Das ist der Traum, den die bürgerliche, wie auch, als sie noch existierte, die sozialistische Welt geträumt hat. In jenem Moment aber, in dem die Widersprüche aus dem Leben fortgeschafft sind, wird der Grundwiderspruch erst sichtbar: Dass das Leben, das auf solche Weise gelebt wird, tot ist.

Die Menschen in den Bildern von Hopper haben es vorgezogen, allen Widersprüchen aus dem Weg zu gehen, allem Negativen, allen Schwierigkeiten des Lebens den Zutritt zu ihren Räumen zu verweigern. Nun aber sind sie dem Leben selbst aus den Weg gegangen und spüren es nicht mehr. Man kann nicht einmal sagen, dass sie das Leben suchen – eine solche Suche findet man allenfalls noch bei denen, die die »Exkursion in die Philosophie« unternehmen, die anderen aber verharren einfach und warten auf das Leben, denkwürdige Monumente der Leere. Sie sitzen unbewegt da, stehen da, im Innenraum, im Außen, und richten ihre Gesichter vergeblich in die Sonne. Ihr Inneres ist implodiert und hat aus ihren Augen das Leuchten eliminiert. Vielleicht sind sie auf der Suche nach dem Glück gewesen und haben es verfehlt, vielleicht haben sie es gefunden und müssen erfahren, dass es leer ist, dass es nichts ist. Da stehen und sitzen sie nun »sinnentleert im Wartesaal des Lebens«, wie dies beschrieben worden ist; den Blick in die Ferne gerichtet, »als spiele sich dort das eigentliche Leben ab«. Sich der Sonne zuzuwenden, können sie sich leisten, dafür sind sie wohlhabend geworden, und man hatte ihnen versprochen, dass dies das wahre Leben sein würde, der auf Dauer gestellte Lebensgenuss. Aber nun stehen sie vor dem Nichts. Die Leere hat sich eingegraben in ihre erstarrten Gesichtszüge, hat ihre Augen ausgehöhlt, ihre äußerlich voluminösen Körper ausgemergelt. Das äußere Licht ist es nicht, das sie von innen her zum Leuchten brächte; es wird von den Sinnen gar nicht aufgenommen. Viele Bilder Hoppers sind getragen von der Inszenierung dieses *sinnlosen Sonnenlichts*.

Es liegt mehr Wichtigkeit, als man glaubt, in der Betonung, dass es sich um einen »amerikanischen Realismus« handelt. Nicht so sehr, weil zu Beginn des 20. Jahrhunderts die amerikanische Kunstkritik von der Idee besessen war, dass es eine eigenständige nationale Kunst geben müsse, die die Schönheit von Wolkenkratzern und die Verbundenheit mit amerikanischer Erde, kurz das irdische kapitalistische Glück darzustellen wüsste. Sondern weil in dieser traditionslosen amerikanischen Kultur die Probleme der Moderne – die Verschränkung der Hoffnung auf das Glück mit dem Versuch zu dessen technischer Realisierung, die Verwechslung des guten Lebens mit der Hohlheit des Wohlstands – deutlicher sichtbar werden mussten als anderswo. 1926 fand ein Kritiker das Bild »Sunday« von Hopper unzweifelhaft amerikanisch: Ein Mann sitzt einsam in einer verlassenen Straße vor den Hauswänden, ein Bild der Tristesse (der Kritiker sah »Humor« darin), mit dem Hopper seinen Stil und sein Sujet gefunden hatte und auf bemerkenswerte Weise der Bewegung der Neuen Sachlichkeit und des Kritischen Realismus sehr nahe war.

Hopper treibt, wie schon Degas, den er bewundert, seinen

Realismus bis zur Grausamkeit. In kaum einem Bild hat er dies drastischer vorgeführt als in dem berühmten »House by the Railroad« von 1925, einem Programmbild: Ein typisch amerikanisches Haus ist zu sehen, das der Bewegung für eine amerikanische Ästhetik gewiss Genüge getan hätte. Aber es wird in Augenhöhe des Betrachters von Eisenbahnschienen durchschnitten, eine wirkliche *nature morte* der modernen Existenz, ein Sinnbild des bürgerlichen Glücks, das zerschnitten wird, und zwar von der Dynamik, die ihm selbst zugrunde liegt. Gottverlassen steht das Haus im Nichts jenseits der Schienen, abgeschnitten vom Leben, das es darum herum einmal gegeben haben mag, und dafür nicht einmal angeschlossen an den eisernen Kommunikationsstrang. Hopper wusste zu demonstrieren, was er unter amerikanischem Realismus verstand; auf ähnlich drastische Weise sind die Beziehungen zwischen den Menschen in seinen Bildern zertrennt.

Amerika aber ist nur die Metapher der Moderne. Kalt zu sein, ohne Seele, wird den Menschen der Moderne nachgesagt; »Kälte« ist der Begriff, mit dem die Welt der Moderne charakterisiert wird von jenem Philosophen, der im 20. Jahrhundert eine parallele Existenz zu Hopper führt, Theodor W. Adorno: Die Kälte wird bei ihm zum Grundprinzip der bürgerlichen Subjektivität, zur sinnlichen Erfahrung einer Gesellschaft isolierter und einander gleichgültiger Subjekte, die in ihrer Selbsterhaltung ihren einzigen Lebenszweck finden. Es ist für ihn die Erfahrung der Negativität, und seine einzige Hoffnung ist, dass sie eine andere Idee von Individualität hervortreiben wird, die sich weder in der Absperrung, noch in der Aufhebung des Selbst in der Gemeinschaft erschöpft. Es ist nur eine Idee geblieben. In der Moderne leben die Individuen weiterhin nur für sich selbst und träumen zugleich vom Einssein mit Anderen, mit einem geringeren Anspruch will sich keiner zufrieden geben. Also leben die Menschen enttäuscht, allein mit ihrem Glück, das keines ist, unfähig zum Leben mit Anderen, das immerzu scheitert, da es dem Kriterium des Einsseins nicht genügt. Ein eigenes Verständnis dessen, was es heißt zu leben, das Leben zu führen und sich aufs Leben zu verstehen, haben sie nie gewonnen. Hoppers Individuen sind Kinder der Moderne, zu Stein erstarrt in der endlosen Dauer des Augenblicks: Leben können sie nicht, sterben wollen sie nicht. Sofern die Unsterblichkeit ein Traum des modernen Menschen ist – hier ist sie realisiert: Ein Alptraum. In diesen leeren Räumen wird kein Schatten zurückbleiben, wenn die Menschen verschwinden; so stillgestellt, wie ihr Leben ist, so unmerklich werden sie nicht mehr da sein, niemand wird weinen um sie, und sie wissen es.

Wenn sie hofften, das Leben in den gesicherten Räumen ihres Eigentums zu genießen, so machen sie nun die Erfahrung der zynischen Ironie dieser Ideologie: Dass sie im selben Maße, wie sie äußeren Besitz gewinnen, den Besitz ihrer selbst verlieren. Ein Lebenkönnen vermittelt die simple Bewegung ins Licht noch nicht, denn es besteht in einer Anstrengung, deren Mühen diese Individuen längst als lästig abgelegt haben. Sie repräsentieren das leere Leben, das Leben ohne Sorge, ohne Tod, und es erweist sich als nichtig. Die Zeit, in der die Sorge sich entfalten könnte, scheint aufgehoben in diesen Bildern, und das ist nur konsequent, denn es ist der Horizont des Künftigen und der Veränderung, in dem Leben sich abspielt, hier aber gibt es nur Gegenwart und es verändert sich nichts. Diese Menschen verharren völlig in ihrer Identität, sie sind ihrem ewigen Gleichsein ausgeliefert, nie werden sie Andere sein, nie werden sie einem Anderen begegnen, auch wenn sie nebeneinander liegen und ineinander kriechen. Selbst in der Wärme der Sonne bleiben sie kalt.

Mitten in der Kultur der Moderne, der Kultur der rasenden Zeit, breitet sich der Raum aus, der leer ist – der Raum ohne Zeit. Hopper malt Räume, in denen unentwegt gewartet wird, Warten auf das Leben, Warten auf die Zeit, die das Leben bringt, und die niemals kommt, weil sie im leeren Raum verschwunden ist. Sieben Uhr morgens, »Seven A. M.« (1948), nichts bewegt sich an der Ecke der Straße oder im angrenzenden Wald, alle Gegenstände sind an ihrem Platz, alles ist sauber und rein, auch das Sonnenlicht ist ungetrübt, niemand wird dieses Stillleben durchqueren, es wird immer sieben Uhr morgens sein, die Welt noch in Ordnung, und die Ordnung wird niemals in Frage gestellt werden, denn die Infragestellung und Neubestimmung: Das wäre Veränderung, das wäre vergehende Zeit. Die Zeit aber ist sichtbar aufgehoben in diesem Bild.

Das Eigentümliche ist: Hopper malt den Raum, und auch die Position des Menschen im Raum, nicht jedoch die Kultur des Raumes, nicht das dichte Beziehungsgeflecht der Menschen und Wesen und Dinge – denn diese Kultur gibt es nicht mehr in der Moderne, dieses Beziehungsgeflecht ist zerschnitten worden von der Zeit der Moderne, die unentwegt und gebieterisch die Loslösung von Vertrautem, die Befreiung von jeder Bindung fordert. So malt Hopper die Beziehungslosigkeit des Einzelnen zu allem, was ihn umgibt und was ohne Beziehung zu ihm nur noch in der Negation der Beziehung fassbar ist. Zuletzt ist in diesem leeren Raum das Selbst mit sich allein und löst sich in der Leere auf. 1963 entsteht »Sun in an Empty Room«. Worum es Hopper dabei geht? »Es geht mir um *mich*!« Eine Gestalt hatte in der Skizze noch den Raum belebt, aber Hopper übernahm sie nicht ins Bild. Das Selbst ist aus der Leere heraus neu zu bestimmen, und damit ist nicht die Suche nach einer Identität gemeint: »Ich weiß nicht, was meine Identität ist.« Raum ohne Selbst

– der Raum *ist* das Selbst. Ihn wahrzunehmen und zu malen, dient der Selbsterkundung und letztlich der Selbstaneignung. Auf seltsam verlassene Weise produziert die Sonne in diesem Raum ein Spiel von Licht und Schatten, scharf konturiert wie bei einem Scherenschnitt. Das malerische Kunstwerk zielt jedoch auf jenes andere Werk, das aus der Arbeit des Selbst an sich hervorgeht, um sich selbst zum Kunstwerk zu machen: »Der Mensch ist das Werk.«

Hopper bietet, was die Philosophie in der Moderne verweigert hat: Raum zur Formulierung von Lebensfragen, für das Innehalten und Befragen seiner selbst und der eigenen Zeit, schließlich für die Arbeit an sich selbst und die Ausarbeitung einer Lebenskunst. Das Signum der Moderne ist die fehlende Lebenskunst, denn dazu hat es ihr zu sehr an Muße gefehlt. Aber nicht Larmoyanz ist hier am Platz, sondern die Arbeit an einer Philosophie der Lebenskunst – für eine Kultur, die nicht etwa die der »Postmoderne«, sondern die einer *anderen Moderne* wäre. Die Philosophie kann ihren spezifischen Beitrag zur Reflexion des Lebens leisten, wenn sie ihren traditionellen Bezug zur Kunst, das Leben zu meistern, wieder entdeckt. Dieses Verständnis von Philosophie zu erneuern, ist das Anliegen einer Philosophie der Lebenskunst.

Diese Philosophie wird die Aufgabe haben, den romantischen Impuls der Moderne – die Suche nach der Intensität der Existenz – zusammenzuspannen mit der pragmatischen Fragestellung, wie der Existenz Form verliehen werden kann, um die Intensität, wenn sie erfahren wird, lebbar zu machen – und nicht ins Nichts abzustürzen, wenn die Intensität ausbleibt oder nicht andauert. Der romantische Impuls ist existenziell, um die immer neue Frage nach dem wahren Leben zum kritischen Korrektiv gegenüber dem wirklich gelebten Leben zu machen. Die pragmatische

Orientierung ist unverzichtbar, um nicht bei der Frage nach dem wahren Leben stehen zu bleiben und von der bloßen Fragestellung schon alles zu erwarten.

Einige Grundfragen der Lebenskunst
und das finale Argument

Der Erörterung verschiedener Aspekte einer reflektierten Lebenskunst, deren Entfaltung das Anliegen dieser Arbeit ist, gehen einige Fragen voraus, die sich für denjenigen stellen, der in Unruhe über sein Leben und sich selbst gerät. Die entscheidende Grundfrage zielt dabei noch nicht einmal auf die Möglichkeiten der Gestaltung und auch nicht auf die Einzelheiten ihrer Ausführung, sondern stellt von vornherein deren *Sinn* in Frage: *Warum überhaupt gestalten?* Diese Frage schwingt unausgesprochen mit, wenn dem Unterfangen der Lebenskunst vorweg schon eine Sinnlosigkeit attestiert wird, die nicht grundsätzlich bestritten werden kann. Über Sinn oder Sinnlosigkeit befindet das jeweilige Individuum selbst, ein gewichtiges Argument für die Gestaltung kann allerdings aus der antiken Philosophie aufgenommen werden: Warum gestalten? *Aufgrund der Kürze des Lebens.* Das ist das *finale Argument* – »final«, weil es zuletzt übrig bleibt, wenn alle anderen schon durchgespielt sind; »final«, weil es sich auf »das Ende« bezieht. Es gewinnt besondere Durchschlagskraft in Kulturen, in denen das einzelne Individuum nicht mehr im Schoß einer Gemeinschaft und in der traditionellen, endlosen Generationenfolge aufgehoben ist, sondern die ganze Macht des Todes zu spüren bekommt. Tod bedeutet nicht zwangsläufig, dass das Leben überhaupt, sondern dass es in dieser Form zu Ende ist. Der Tod ist eine Grenze, aber er existiert nicht »an sich« – er ist abhängig von der Vorstellung, die man sich von ihm macht, diese wiederum ist abhängig von der Kultur, in der man lebt. Nur der moderne Mensch stirbt in entsetzlicher Einsamkeit, nur für ihn ist der Tod die absolute Grenze des Lebens, nur für ihn markiert der eigene Tod die »Eigentlichkeit«. Die Philosophie der Lebenskunst folgt aber im Hinblick auf den Tod eher der antiken stoischen Philosophie, nicht ihrer modernen Abwandlung bei Heidegger: Es geht ihr um ein Bewusstsein von der Begrenztheit des Lebens, nicht um ein »Sein zum Tode«.

Was wir dem Tod verdanken, ist demnach die Begrenzung des Lebens. Würde es diese Grenze nicht geben, wäre die Gestaltung des Lebens gleichgültig. Welche nicht nur individuelle, sondern sogar politische Explosionskraft dies in sich birgt, zeigt sich bei Revolten und Revolutionen, es zeigte sich auch 1989, als die Menschen das eigene Leben geltend machten als das einzige, das sie haben und das sie nicht vergeuden wollen, in dessen Verlauf sie vielmehr zu Lebzeiten realisieren wollen, was sie sich erträumen. Der Tod als Grenze des Lebens fordert sie auf zu leben und auf erfüllte Weise zu leben. Dazu bedarf es keiner Fixierung auf den Tod, sondern nur eines Bewusstseins der Grenze. Die Grenze des Lebens ist zugleich die Bedingung seiner Möglichkeit: Man macht das Leben zunichte, wenn man es ewig haben will, so wie man eine Lust zunichte macht, wenn man sie immer genießen will. Alle Lust will Ewigkeit, aber die Ewigkeit ist ihr Tod, das gilt auch für das Leben. Selbst wenn die Unsterblichkeit möglich sein wird, wird sie wohl kaum wünschenswert sein – sie kann nur die Stillstellung des Lebens bedeuten. Denn wozu jetzt das Leben leben, wenn man dies auch in ferner Zukunft noch tun kann? Wozu überhaupt etwas tun? Gäbe es den Tod nicht, müsste man ihn erfinden, um nicht ein unsterblich langweiliges Leben zu führen, das darin besteht, das Leben endlos aufzuschieben. Daher die Affirmation der Begrenzung: Um das Leben nicht einfach nur dahingehen zu lassen, sondern es wirklich zu leben, solange es währt. Zugespitzt gesagt: Es ist die Grenze des Todes, der die

Freude am Leben zu verdanken ist. Philosophieren heißt, im Bewusstsein dieser Grenze leben zu lernen.

Wenn die Gestaltung also ernst genommen wird, erhebt sich für das Subjekt der Lebenskunst die grundsätzliche Frage: *Wie kann ich mein Leben führen?* Das ist die Form, die die Grundfrage der Ethik (»Was soll ich tun?«) in der Lebenskunst annimmt. Mit dieser Frage wird der erste Schritt zu einer Aneignung des Lebens gemacht, um aus einem abstrakt erscheinenden Leben ein eigenes Leben werden zu lassen. Da die Freiheit zur individuellen Lebensführung eine Idee der Moderne ist, sind die Bedingungen und Möglichkeiten dessen, was Leben in der Moderne bedeutet, zu thematisieren; ein besonderes Augenmerk gilt dabei den inneren Widersprüchen der Moderne selbst, die für die Lebensführung die Frage eines Lebens mit Widersprüchen aufwerfen. Das zentrale Problem aber ist das moderne Verständnis von Freiheit, das zum einen über einem äußerst umfangreichen Befreiungsanliegen die Arbeit an Formen der Freiheit vernachlässigt hat, zum anderen die konstitutive Widerspruchsstruktur der Freiheit zu negieren suchte. Da sich in der »Postmoderne« das Problem nur noch verschärft hat, beginnt die Suche nach einer anderen Moderne, deren Anliegen die Ausarbeitung einer Praxis der Freiheit ist, und in deren Umfeld sich das Subjekt der Lebenskunst darum bemüht, das Leben selbst zu führen, einen Lebensstil ins Werk zu setzen und eine Lebensform zu gewinnen, nicht zuletzt in der Auseinandersetzung mit der Herausforderung, die moderne und postmoderne Medien und Informationstechnologien für die Frage der Lebensführung darstellen.

Auf die Zusammenhänge, in denen Lebenskunst sich entfalten kann, zielt sodann die strukturelle Frage: *In welchen Zusammenhängen lebe ich? Wie lassen sich Zusammenhänge herstellen, in denen es sich leben lässt?* Ein grundlegender Aspekt der Lebenskunst ist es, die eigene Existenz im Horizont übergreifender Strukturen zu sehen; insbesondere soziale und gesellschaftliche Zusammenhänge kommen hier in den Blick, die durchweg von Machtstrukturen durchzogen sind. Die Aufmerksamkeit gilt der Macht, die über das Subjekt ausgeübt wird, jedoch auch derjenigen, zu deren Ausübung es selbst in der Lage ist, um nicht zum bloßen Untertan einer herrschenden Macht zu werden, vielmehr die Umkehrbarkeit von Machtbeziehungen geltend zu machen, schließlich aber auch sorgsam mit eigener Macht umzugehen und nicht selbst unbedacht an Herrschaftsverhältnissen mitzuwirken. Wenn es eine Unzufriedenheit mit bestehenden Strukturen gibt, so kann deren Veränderung die koordinierte Aktion vieler Individuen über längere Zeit erforderlich machen, entsprechend der Verteilung im Raum und langen Dauer von Strukturen, die nicht durch eine einzelne Aktion schon andere werden. Ein gesellschaftliches Engagement kann sich darauf richten, die strukturellen Bedingungen und Möglichkeiten der Lebensgestaltung, der eigenen wie der von Anderen, zu verbessern: Anliegen einer »Politik der Lebenskunst«.

Die darauf folgende ist die optionale Frage: *Welche Wahl habe ich?* Die Lebenskunst, wie immer sie inhaltlich ausgestaltet sein mag, beruht gänzlich auf der Wahl, die das Subjekt der Lebenskunst selbst trifft. Zwar gilt eine erste Beunruhigung der Frage, ob es überhaupt eine Wahl gibt. Das Problem der modernen Zeit scheint jedoch darin zu liegen, dass sich die Situationen der Wahl potenzieren, ohne dass die Individuen so recht darauf vorbereitet wären. So käme es darauf an zu klären, was das überhaupt ist, eine Wahl, und in welcher Weise sie zu unterscheiden ist von einer Entscheidung. Die wichtigste Voraussetzung für die Wahl scheint zu sein, ihrer Begrenztheit durch strukturelle Bedingungen

Rechnung zu tragen und sie nicht im leeren Raum anzusiedeln. Eine Wahl eröffnet oder verschließt sodann einen Horizont von Möglichkeiten und gibt damit dem individuellen wie auch dem gemeinsamen Leben in einer »Gesellschaft der Wahl« eine Richtung. Auseinanderzulegen wären die Bestandteile einer klugen Wahl: Die Sensibilität, das Gespür, die Urteilskraft, die Klugheit.

Im Hintergrund steht dabei die Subjekt-Frage: *Wer bin ich?* Gemeint ist die Frage nach dem Selbstverständnis des Subjekts der Lebenskunst, das wählt und sich selbst gestaltet. Die Idee der Selbstgestaltung lässt sich als konstitutives Element philosophischer Subjektkonzepte erweisen; sie geht mit der Idee des Selbstbewusstseins einher, die im Zentrum all dieser Konzepte zu finden ist. Das Subjekt muss aber, entgegen einer modernen Überzeugung, nicht nach Maßstäben der Identität verfasst sein, und es muss, entgegen einer postmodernen Überzeugung, nicht gänzlich der Auflösung anheim fallen, sondern kann sich selbst auf andere Weise organisieren. Seine Selbstorganisation und Selbstgestaltung ist Sache der Selbstsorge. Zugleich kommt in den Blick, dass das Subjekt sein Selbstverständnis nicht für sich allein, sondern nur im Zusammenhang mit Anderen und in der Auseinandersetzung mit ihnen gewinnen kann; dass das Subjekt von Anderen mitgestaltet wird und nicht nur mithilfe der Selbstsorge etwas aus sich macht; dass zu seiner Selbstgestaltung daher auch die Gestaltung der Beziehungen zu Anderen gehört, und zu seiner Selbstsorge ebenso die Sorge um Andere. In der Erweiterung wird die Sorge um Andere zur Sorge um die Gesellschaft und deren innere Verfasstheit.

Der Weg, den das Subjekt in seinem Leben nimmt, wird erschlossen durch die hermeneutische Frage: *Welches Verständnis vom Leben habe ich?* Interpretationen, das eigene Leben und die Lebenswelt betreffend, ermöglichen dem

Subjekt der Lebenskunst die Führung des Lebens. Durch die Arbeit der Interpretation wird geklärt, was für das Selbst Bedeutung hat, was nicht, was als wichtig und unwichtig erscheint und auf welche Weise der Vollzug des Lebens daran jeweils zu orientieren ist. Die Arbeit der Interpretation richtet sich ebenso darauf, die Bedeutung der lebensweltlichen Phänomene und Zusammenhänge kennen zu lernen und zu entziffern, zu wissen, wie etwas zu verstehen ist. Sowohl im einen wie im anderen Fall handelt es sich jedoch nicht um das einfache Erschließen einer objektiven Bedeutung, vielmehr besteht die Arbeit darin, selbst Bedeutung herzustellen und dem Leben Sinn zu geben. Durch Interpretationen wird jenes Wissen erarbeitet, das ein Subjekt fürs Leben braucht, um sich aufs Leben zu verstehen; im Unterschied zur Wissensform der Wissenschaften liegt das Spezifische des »Lebenwissens« nicht zuletzt in seiner bewussten Perspektivität. Die Weitergabe von Lebenwissen im Rahmen pädagogischer Arbeit hat vor allem die Vermittlung der hermeneutischen Fähigkeiten, Lebenwissen selbst zu erschließen, zu ihrem Inhalt.

Die abschließende Frage ist die praktische Frage: *Was kann ich konkret tun?* Das betrifft sowohl die grundsätzliche Haltung, die eingenommen werden kann, als auch das alltäglich gelebte Leben; in jedem Fall geht es um Übungen und Techniken, mit deren Hilfe dem Leben Form gegeben werden kann. Sie sind nur exemplarisch zu betrachten, etwa am Beispiel der Übungen zur Formung von Gewohnheiten, oder am Beispiel der Techniken für den Umgang mit Lüsten; weitere Techniken zielen auf den Umgang mit Schmerzen, und eine eigene Übung stellt das Leben mit dem Tod dar, dem die äußerste Sorge gilt. Grundlegenden Charakter hat, aufgrund der Kürze des Lebens, die Einübung in den Umgang mit dem merkwürdigen Phänomen der Zeit; experimentellen

Charakter haben die Techniken des Versuchs; ihr gezielter Einsatz führt geradewegs zu einer essayistischen Lebensweise. Techniken des Umgangs mit Affekten wie etwa dem Zorn lassen sich im Rückgriff auf die antike Philosophie der Lebenskunst neu ausarbeiten; für die Einübung eines kunstvollen Umgangs mit Widersprüchen sind Techniken der Ironie heranzuziehen; in deutlichem Bezug zu Problemen der Moderne und Postmoderne steht die Technik der Umkehrung, mit deren Hilfe versuchsweise ein Negativdenken an die Stelle des grassierenden Positivdenkens gesetzt werden kann. Und schließlich dringt, vielleicht als Kassandra einer kommenden Epoche, die Melancholie in die Lebenskunst ein und wirft die Frage nach Techniken des Umgangs mit ihr auf, und es wird erinnert an die klassische Technik der Lebenskunst, die Gelassenheit. Einer »ultimativen Gelassenheit« bedarf der grundlegende Aspekt der ökologischen Zusammenhänge, in deren Rahmen eine Lebenskunst sich nur entfalten kann; und die gelassene Lebensführung ist ein Modus der »Lebenskunst im Cyberspace«. Was oft populär als Bestandteil von Lebenskunst gilt, Gesundheit, Heiterkeit und Glück, bedarf einer eigenen Betrachtung, um nicht einfach nur dem modernen Verständnis dieser Begriffe zu folgen, eines Glücks etwa, das als Zielpunkt über jede Kritik erhaben zu sein scheint, dabei aber gerne mit dem angenehmen und erfolgreichen Leben gleichgesetzt wird und meist für ein Wohlgefühl, für eine Hochstimmung des »Sich-Gut-Fühlens« steht, auch für das Glück im Hier und Jetzt, obwohl es wohl eher darauf ankäme, zu einem guten Teil nicht in der Gegenwart und nicht hier zu leben. Und schließlich gilt es, über das populäre, aus philosophischer Sicht jedoch neu zu interpretierende Ziel von Lebenskunst zu sprechen: Sich ein »schönes Leben« zu machen.

Der, dem Lebenskunst zugeschrieben werden kann, zeichnet sich dadurch aus, dass er ein erfülltes Leben führt. Er ist gründlicher als Andere, da er sich und sein Leben zu reflektieren und die »Gründe« des Lebens zu verstehen sucht. Er ist vielleicht weitblickender als Andere, da er im weiten Horizont der Vielfalt gemachter und möglicher Erfahrungen lebt, leidenschaftlich und abgeklärt zugleich; einer, dem man Klugheit zutrauen kann, der aber neugierig genug bleibt, um immer wieder neue, ungewisse Erfahrungen zu riskieren; einer, der in jeder Hinsicht unterwegs ist. So steht er mitten im Leben und zugleich weit außerhalb, um die Dinge und sich selbst von Außen zu sehen, eine ebenso schmerzliche wie lustvolle Erfahrung. Aber es empfiehlt sich nicht, von der Lebenskunst mit allzu viel Pathos zu sprechen, denn erfahren wird sie in aller Regel als abwesende. Lebenskunst ist nicht das, was wir haben, sondern das, was uns fehlt und immer wieder auf terrible Weise fehlen wird.

Arbeit der Sorge:
Das Netz der Gewohnheiten knüpfen

Das Subjekt der Lebenskunst bedarf der Übungen, die zu vollziehen, und der Techniken, die anzuwenden sind, um Selbstmächtigkeit zu gewinnen und sich und sein Leben zu gestalten. Die Philosophie der Lebenskunst umfasst daher eine *Asketik,* und zwar im antiken Sinne des Begriffs, der gegenüber seiner christlichen Umbesetzung wieder zu aktualisieren ist: In der antiken Philosophie der Lebenskunst war damit die *Übung* gemeint, mit deren Hilfe das Selbst sich und das eigene Leben formt und transformiert, und die leiblich, seelisch oder geistig zu vollziehen ist. Eine von vielen Übungen war jene, die in der christlichen Kultur den gesamten Begriff für sich allein in Anspruch genommen hat: Die Übung des Verzichts, der Entsagung, der Enthaltsamkeit, der Macht über die Macht der Lust.

Eine Technik der nachhaltigen Einübung und bewussten Ausübung von Lebenskunst ist die *Gewohnheit.* Sie wird durch eine regelmäßige Übung hergestellt und ist selbst geradezu der Inbegriff der Regelmäßigkeit, mit deren Hilfe überhaupt erst Haltungen geschaffen und Verhaltensweisen angeeignet werden. Die regelmäßige Wiederholung und die Dauerhaftigkeit des immer gleichen Vollzugs (eine Geste zu machen, eine Handlung auszuführen, eine Perspektive einzunehmen, einen bestimmten Gedanken zu denken etc.) dienen dazu, etwas zur Gewohnheit werden zu lassen, sodass es sich von selbst versteht und ohne Mühe, ohne weiteres Nachdenken abläuft und in der Zeit verankert wird. »Gekonnt« wird eine bestimmte Bewegung aufgrund ihrer Einübung, und ihre Ausübung geht nun leichter, schneller, präziser von der Hand, als dies bei einmaligen Vollzügen der

Fall ist; das ist die asketische und technische Grundlage jeder Art von Kunst, so auch der Lebenskunst. Es ist der Hammer der unablässigen Repetition, mit der die Form geschmiedet wird, die die Gewohnheit ist. Diese Arbeit gehört bereits zu der Art von Lebenskunst, wie sie Kindern eigen ist, lange bevor sie reflektiert wird: Kinder erzeugen Gewohnheit vorzugsweise durch Nachahmung und endlose Wiederholung; so eignen sie sich Formen an und machen sie zu ihrem Eigentum.

Aufgrund von Repetition und Regelmäßigkeit der Ausübung bringt die Gewohnheit eine *Entlastung von der Wahl* mit sich – das Selbst kann sich nun führen lassen von all dem, was in Gewohnheiten immer schon entschieden ist; zu diesem Zweck werden sie bewusst geschaffen, wenn man sie nicht ohnehin unbewusst, aufgrund einer impliziten passiven Wahl, gewähren lässt. Sich der ständigen Anforderung der Wahl zu entheben, die ansonsten in jedem Augenblick zu treffen wäre, jedoch auch all die Aspekte, die bei einer Wahl zu berücksichtigen sind, in den Gewohnheiten der Urteilsbildung zu verankern: Das ist erforderlich, da im Regelfall Chaos, nicht Klarheit herrscht, wenn eine Wahl in Frage steht; auf der Schiene der Gewohnheit aber gleiten die Dinge zuverlässig und mit stupender Regelmäßigkeit dahin, sodass die Wahl unschwer zu treffen ist. Und je mehr das Selbst durch die Gewohnheit des Umgangs vertraut ist mit Menschen, Dingen und Verhältnissen, desto besser kennt es deren Besonderheiten, die ihm ansonsten in der Unübersichtlichkeit des Ungewohnten entgehen, auf deren Kenntnis es aber ankommt, um eine sensible Wahl treffen zu können.

Aus dem Prozess der *Gewöhnung* geht jene Vertrautheit mit einer Umgebung hervor, die man im engeren, unmittelbaren, und im weiteren, übertragenen Sinne *Wohnung* nennen kann. Das Leben kann sich einrichten, wenn Gewohnheiten die Fremdheit durchbrechen und für Vertrautheit sorgen. Die innige Verflochtenheit von Gewohnheit und Wohnung charakterisiert den Raum, der bewohnt wird, denn das Wesentliche an ihm sind nicht »vier Wände« und das Mobiliar, sondern die Gewohnheiten, die sich in diesem Umfeld entfalten und auf differenzierte Weise das Innen und Außen strukturieren und erfahrbar machen. Was Obdachlosigkeit unerträglich macht, ist wohl dies: Das Leben kann sich nicht einrichten, das Subjekt verliert schließlich sich selbst, versucht sich zwar zu retten durch die Frequentierung bestimmter Orte und durch sonderbare Gewohnheiten, die sich jedoch als ruinös erweisen. Aber auch bei jedem Wechsel einer Wohnung, bei jedem Verlust eines persönlichen Umgangs, bei jeder Auflösung einer Beziehung ist das eigentliche Problem die *Entwöhnung* von Gewohnheiten. Die Arbeit der Sorge konzentriert sich daher darauf, ein Netz von Gewohnheiten zu knüpfen, um in Räumen und Beziehungen wohnen und Lebenskunst pflegen zu können. »Auch die Zugvögel flattern im Netz der Gewohnheit, selbst wenn ihr Flug sich über Kontinente spannt« (Heiner Müller). Im Netz der Gewohnheit sind die Verhältnisse mit einer Notwendigkeit ausgestattet, die sie nicht ohne weiteres auch anders sein lässt. In welchem Maße das Subjekt von diesem Netz getragen und gegebenenfalls aufgefangen wird, zeigt sich im Verlauf der individuellen wie auch der kollektiven Geschichte, wenn inmitten kleiner oder großer Katastrophen Gewohnheiten noch aufrechterhalten werden, da sie dem Leben den Rhythmus verleihen, aus dem es in schwierigen Situationen Kraft beziehen kann.

Mit verschiedenen Arten von Gewohnheiten hat das Subjekt der Lebenskunst grundsätzlich zu tun: Zunächst unreflektiert aus Kultur und Gesellschaft übernommenen, die man *heteronome* Gewohnheiten nennen kann. Gewöhnlich werden diese Gewohnheiten kaum bewusst, sie kommen auf Taubenfüßen daher und formen das Subjekt spielerisch: Eine Bewegung, eine Geste wird übernommen und angeeignet, ohne es recht zu bemerken, nur weil sie gefällt oder weil zufälligerweise keine andere Form zur Hand ist. Das alltägliche Leben wird gewöhnlich aus diesem Fundus bestritten, der auch Gewohnheiten der Wahrnehmung, des Denkens, Erkennens und Urteilens beinhaltet. Sogar absonderlich erscheinende Meinungen werden durch Gewöhnung zum »Gewöhnlichen« der Normalität. Heteronome Gewohnheiten können ferner solche der äußeren Erscheinungsform sein und sich in Gesichtszügen, in der Art des Sprechens, im Stil der Kleidung abzeichnen. In den Gewohnheiten der Machtbeziehungen, sowohl zwischen einzelnen Individuen wie auch allgemein in den Strukturen der Gesellschaft, sind sie verborgen; Herrschaftsverhältnisse können in Gewohnheiten abgelagert sein, und zwar in solchem Maße, dass die Beherrschten, wenn die Gewohnheiten über lange Zeit hinweg ihrem Leib eingeschrieben wurden, und wenn sie ihrerseits gewohnheitsmäßig den Verfügungen der Macht Folge leisteten, nur mit Mühe an die Freiheit sich gewöhnen können.

In Gewohnheiten wohnt das Subjekt in jedem Fall, aber deren andere, für die reflektierte Lebenskunst relevante Form sind *autonome* Gewohnheiten, die der Selbstgesetzgebung unterliegen. Es kann sich hierbei erneut um heteronome Gewohnheiten handeln, die jedoch nicht unreflektiert, sondern bewusst angeeignet werden; vor allem aber sind die eigenen und eigenwilligen Gewohnheiten auszuarbeiten und einzuüben, durch die ein Selbst sich selbst charakterisiert wie durch weniges sonst, denn anders als die konventionellen, heteronomen Gewohnheiten stehen sie für die selbstgewählte Haltung des Selbst. Wenn Erziehung zunächst auch darauf zielt, heteronome, gesellschaftlich passfähige Gewohnheiten zu vermitteln, so erscheint es in einer freien Gesellschaft doch geboten, die Arbeit der Gewöhnung sukzessive zu einer autonomen zu machen, um die Individuen in die Lage zu versetzen, bestehende Gewohnheiten beurteilen zu können und neue Gewohnheiten selbst ins Werk zu setzen.

Verhaltensweisen werden zu Gewohnheiten, wenn sie nicht ständig geändert werden; entsprechend kann sich die von Gewohnheiten vollständig geprägte Haltung des Selbst ausformen. In Gewohnheiten verfestigen sich die regelmäßigen, keineswegs widerspruchsfreien Zusammenhänge, die die Kohärenz des Subjekts ausmachen; die Gesamtheit der Kohärenz kann tatsächlich von einigen wenigen, offenkundig unverzichtbaren Gewohnheiten aus erschlossen werden. Im Kern der Kohärenz sind *existenzielle* Gewohnheiten zu finden, die in ihrer kristallisierten Form ein Anderssein kaum denkbar erscheinen lassen; sie verdanken sich der autonomen individuellen Wahl, oder aber der heteronomen Strukturierung durch eine äußere Macht, die verinnerlicht worden ist. In diesen Kernbereich bewusst einzugreifen und die Strukturen der Gewohnheit zu modifizieren, erfordert nachhaltige Anstrengung und langwierige Askese – aus guten Gründen, denn wenn der Kern der Kohärenz beliebig veränderbar wäre, würde jede Haltung des Selbst unterminiert werden. Das Anliegen der reflektierten Lebenskunst ist daher zwangsläufig, Gewohnheiten nicht nur zu wählen und zu verändern, sondern sie bewusst auch bestehen und gewähren zu lassen.

In der fluktuicrcndeu Peripherie der Koharenz des Selbst wiederum herrschen *funktionale* Gewohnheiten vor, die dem Gesetz wechselnder »Moden« Rechnung tragen und lediglich eine Funktion zu erfüllen haben: Das Leben des Subjekts in verschiedenen Situationen und unter wechselnden Bedingungen zu ermöglichen. Es kann viel Klugheit darin liegen, ein Ensemble von Gewohnheiten um sich zu versammeln, die ihren Sinn allein darin haben, eben Gewohnheiten unter veränderlichen Bedingungen zu sein. Auch die Eingliederung des Neuen und Anderen in die Kohärenz des Selbst geschieht unproblematisch über die Gewohnheitsbildung in diesem Bereich. So verfügt die reflektierte Lebenskunst über beide Möglichkeiten: An existenziellen Gewohnheiten festzuhalten und einen Fundus an funktionalen Gewohnheiten bereitzuhalten. Während erstere zur Herstellung einer festgefügten Haltung erforderlich sind, ermöglichen letztere deren gelegentliche Variation und Modifikation – so kann die ganze Spannweite zwischen Stabilität und Flexibilität ausgeschöpft werden.

Die Gewohnheiten, die etabliert worden sind, stellen in jedem Fall eine Macht dar; nicht von ungefähr ist von der *Macht der Gewohnheit* die Rede. Es ist eine Macht, die der Selbstmächtigkeit Gestalt verleihen, ihr aber auch entgegenstehen kann, denn »der herausragendste Effekt ihrer Macht besteht darin, uns dermaßen zu ergreifen und zu unterjochen, dass wir kaum mehr in der Lage sind, uns aus ihrem Griff zu lösen und zu uns zurückzukehren, um ihre Vorschriften zu überdenken und zu prüfen«. Michel de Montaigne fordert aus diesem Grund bereits, verschiedene Gewohnheiten für unterschiedliche Situationen des Lebens bereitzuhalten, und nicht sofort die Façon zu verlieren, wenn bei Gelegenheit von einer lieb gewordenen Gewohnheit abgewichen werden muss; schließlich ist »keine Lebensweise so dumm und debil wie die, die sich mithilfe von Vorschrift und Disziplin führt«. Zwar sind Gewohnheiten eine Technik, sich selbst Form zu geben und sich von ihnen subjektivieren zu lassen, das Selbst sorgt sich jedoch darum, nicht zu ihrem

Sklaven zu werden. In der reflektierten Lebenskunst bleibt die Souveränität der Wahl wie der Abwahl einer Gewohnheit in der Hand des Subjekts selbst, das ansonsten zum Gefangenen im Netz der Gewohnheiten wird und von der Infragestellung einiger Gewohnheiten schon existenziell getroffen würde.

Sowohl bei heteronomer als auch bei autonomer Gewohnheitsbildung beruht die Macht der Gewohnheit auf dem *Trägheitsprinzip*. Träge Beharrung ist das Wesen der Gewohnheit, der zu folgen keinerlei Anstrengung erfordert, da alles bleibt, wie es ist, wohingegen jeder Impuls zu ihrer Veränderung einen beträchtlichen Aufwand an Kraft erfordert. Und wenn es zur Veränderung kommt, sedimentiert diese, selbst wenn sie revolutionär sein sollte, über kurz oder lang unweigerlich wieder zur Gewohnheit; der revolutionäre Elan verliert sich unmerklich, aber unaufhaltsam, individuell wie gesellschaftlich. Jede Veränderung, die zwangsläufig einen Bruch mit alten Gewohnheiten darstellt, mündet unweigerlich in neue Gewohnheiten, schreibt damit die Neuerungen fest, bringt sie aber auch zum Stillstand. Das Trägheitsprinzip war das, was Kant zum unnachsichtigen Feind jeder Gewohnheit werden ließ, wiewohl er persönlich seine Gewohnheiten doch so liebevoll pflegte: Gelten ließ er allenfalls diejenigen, die dem alltäglichen Leben einen Rahmen geben, aber er hasste jene, die die Autonomie des Subjekts und seine eigenständige Urteilskraft zu untergraben drohen; niemals sollte die ethische Grundhaltung daher zur Gewohnheit werden, sondern »immer ganz neu und ursprünglich aus der Denkungsart hervorgehen« – Gewohnheit führe zur Monotonie, zu »gedankenlosen Wiederholungen ebendesselben Akts«, das instinktgeleitete Tier springe hier gar zu sehr aus dem Menschen hervor, kurz: »In der Regel ist alle Angewohnheit verwerflich.«

Das Problem der Gewohnheit ist das *doppelte Dilemma*, in das sie unweigerlich führt: Die Gewöhnung ermöglicht eine gelassene Lebensführung, bringt jedoch immer auch eine Abstumpfung mit sich, sodass es schwer wird, Anderes als das Gewohnte und anders als gewohnt wahrzunehmen, zu denken und zu fühlen; mechanische Abläufe führen zu einem Leerlauf des Lebens. Eine Antwort auf dieses erste Dilemma wäre, nur einen begrenzten Teil der Lebensführung den Gewohnheiten anzuvertrauen, um einen Freiraum offen zu halten für das Andere, Ungewohnte und die Wahrnehmung des Ungewöhnlichen. Das andere, tiefer wurzelnde Dilemma besteht darin, dass die Gewohnheit einerseits zwar ein starkes Eigengewicht auszubilden vermag, sodass, was als naturgegeben oder sonstwie determiniert erscheint, überwunden werden kann und den Gewinn von Freiheit mit sich bringt. Damit geht andererseits jedoch die Einrichtung einer neuen Notwendigkeit einher, die der überwundenen in nichts nachsteht, sonst könnte wohl nicht von der Gewohnheit als einer »zweiten Natur« die Rede sein. Im Unterschied zur »ersten Natur« ist die Notwendigkeit nun eine selbst erzeugte, aber auch sie ist dadurch definiert, nicht mehr ohne weiteres anders sein zu können, widrigenfalls sie keine Gewohnheit mehr wäre. Freiheit und Notwendigkeit: Eine Möglichkeit, diesen Widerspruch lebbar zu machen, ist allenfalls darin zu finden, lieb gewordene Gewohnheiten gewohnheitsmäßig wieder in Frage zu stellen, um sie gegebenenfalls neu einzurichten; so entstehen Gewohnheiten von relativer, nicht absoluter Notwendigkeit, die durch ihre Reflektiertheit offen für Veränderungen gehalten werden.

Prämoderne Kulturen des *Raums* beziehen ihre bleibende Verfassung in der Zeit, ihre Beharrungskraft gegen Veränderung, aus der Dominanz existenzieller und traditioneller Gewohnheiten. Das Hereinbrechen von Moderne ist dagegen immer mit dem Infragestellen überkommener Gewohnheiten verbunden; jeder vertraute Modus des Lebens wird dem Diktat der Zeit, das heißt der Veränderung unterworfen, sodass in der neu entstehenden Kultur der *Zeit* funktionale, nicht unbedingt aber autonome Gewohnheiten dominieren. Erstaunlicherweise erweisen sich Individuen in modernen Kulturen vor allem beim Gebrauch moderner Technik als wenig autonom, da – ein Überrest von Prämoderne – dieser Gebrauch gewöhnlich anhand traditioneller, selten reflektierter Gewohnheiten geschieht. In einer anderen Moderne müsste mit einer Stärkung existenzieller, autonomer Gewohnheiten der Raum für das Andere, das technische Notwendigkeiten durchbrechen kann, der Raum auch für Andere, die nicht mit neu errichteten technologischen Mauern der Gewohnheit abgewiesen werden sollten, offen bleiben. Für die Lebenskunst ergeben sich daraus einige Desiderate für den Umgang mit Gewohnheiten in einer anderen Moderne: *Flexibilität*, um der Erstarrung des Lebens in der Form der Gewohnheit gegenzusteuern; dazu dienen vor allem »kurze Gewohnheiten«, die, wie bei Nietzsche, experimentellen Charakter haben und allen Gewohnheiten zeitliche Grenzen setzen. *Spontaneität* wiederum versetzt das Selbst in die Lage, auch aus dem Stand heraus mit Ungewohntem zurechtzukommen und sich nicht in seiner Kohärenz bedroht zu fühlen, sobald eine vertraute Gewohnheit sich auflöst. Und die *Sensibilität* des Selbst trägt dafür Sorge, trotz aller Gewohnheit die Aufmerksamkeit nicht einschlafen zu lassen, wache Sinne zu bewahren für all das, was jenseits des Gewohnten liegt, und so schließlich über die Gewohnheit selbst zu wachen.

Komplexer als eine einfache Gewohnheit, gleichwohl dem Bereich der Gewohnheiten zugehörig, ist das *Ritual*, das auf seine Brauchbarkeit für eine reflektierte Lebenskunst zu befragen ist. Dem Selbst und seiner Gesellschaft mit Anderen, nicht zuletzt der Organisation von Gesellschaft insgesamt, offeriert das Ritual eine Form, um den »Kultus des alltäglichen Lebens« zu gestalten. Das Ritual ist aber nicht nur eine einzelne Form, sondern eine ganze Inszenierung, wie sie in Begrüßungs- und Abschiedsritualen, Liebesritualen und Ritualen des Streits, Familienritualen und Festtagsritualen zum Ausdruck kommt und einem Ereignis Sinn (sinnliche Gestalt und Erfahrbarkeit) und Bedeutung (Hervorhebung und Gewichtigkeit) verleiht. In der Struktur des Rituals finden die verschiedensten Einzelelemente ihren Platz, und die gleichförmige Zusammensetzung und gewohnheitsmäßige Abfolge der Einzelbestandteile erleichtert die praktische Umsetzung des Rituals und die Einbeziehung vieler Individuen; dass es nicht jedes Mal neu erfunden werden muss, ermöglicht die weite Verbreitung eines Rituals in einer Kultur. Die regelmäßige Wiederholung der im Ritual gebündelten Verhaltensweisen begründet Kontinuität und stellt der davoneilenden und vergehenden Zeit ein retardierendes, zyklisches Moment entgegen – Charakteristikum einer andersmodernen Raumzeitkultur. Für die reflektierte Lebenskunst kommt es jedoch auch hier darauf an, eine Wahl zu treffen, inwieweit vorgeformte Rituale übernommen oder selbst geformte in Kraft gesetzt werden sollen, was also zu bewahren, was zu modifizieren, was neu auszuprobieren ist, um erneut die ganze Spannweite zwischen Stabilität und Flexibilität auszuschöpfen. Rituell gestaltet werden kann, wie vieles, auch der Umgang mit den Lüsten, der mit eigenen Übungen und Techniken ein Bestandteil der Asketik in einer reflektierten Lebenskunst ist.

Aufhebung der Sorge:
Die Lüste genießen

Fern davon, die Lüste aus dem Leben auszuschließen, geht es in der reflektierten Lebenskunst in mehrfacher Hinsicht um deren Gebrauch: Klugerweise trägt das Selbst mit seiner Sorge, die auf die Aufklärung der Bedingungen der Existenz und das Erschließen ihrer Möglichkeiten gerichtet ist, auch für die Erholung von der Sorge selbst Sorge. Die Sorge ist eine Anspannung, die nicht unentwegt durchgehalten werden kann – Entspannung bringt demgegenüber die zumindest zeitweilige Aufhebung der Sorge, die *Sorglosigkeit*, wie sie ohnehin dem populären Verständnis von Lebenskunst am meisten entspricht. In der reflektierten, philosophischen Lebenskunst steht die Sorglosigkeit für einen Gebrauch der Lüste, der das Selbst dem reinen Genuss überlässt – wenn auch nicht ohne Kalkül. Zur wählerischen Grundhaltung des Subjekts der Sorge gehört sehr wohl die genießerische Form der Existenz, jedoch nicht unbedingt in dem Sinne, nur den Früchten des Augenblicks sich hinzugeben und sich weiter um nichts zu kümmern; es handelt sich nicht zwangsläufig um den Zustand wahrer Unmittelbarkeit, der die Mühen des Bewusstseins nicht kennt. Der Genuss dient der Zerstreuung der Konzentration der Sorge, jedoch nicht um sie völlig aufzuheben, sondern um sie erneut zu ermöglichen.

Sorge und Lüste schließen sich also nicht nur nicht aus, sondern die Sorge selbst richtet sich darauf, dem Selbst den vollen Genuss der Lüste zu vermitteln, um die Fülle des Lebens auszukosten wie ein Sybarit, und »das schöne Antlitz der Erde zu küssen«, wie dies den Bewohnern der griechischen Stadt Sybaris in Unteritalien einst nachgesagt wurde; oder wie ein Epikureer das Leben zu genießen, der aus den unscheinbarsten Dingen des Lebens noch den größten Genuss zu ziehen versteht. Über die zeitweilige Aufhebung der Sorge hinaus geht es jedoch beim Gebrauch der Lüste in der reflektierten Lebenskunst um die *Aufhebung des Selbst*, die die Voraussetzung für seine Neukonstituierung darstellt: Die Sorge sorgt für jene Selbstvergessenheit, in der das Selbst seine Kohärenz verliert und sich auf spielerische Weise neu konstituiert. Daher ist es klug, die Lüste zu nähren, denn sie treiben das Selbst über sich hinaus und bestärken nicht etwa seine Kohärenz, sondern stellen sie auf den Kopf und lösen sie auf, um sie neu zusammenzufügen. Wenn es darauf ankommt, die allzu starr gewordene Form des Selbst wieder in Bewegung zu bringen und zu sprengen, ist auf die Erfahrung der Lüste Verlass: Ihr Genuss öffnet das verschlossene Selbst und sorgt für das »eigentliche Erbeben des Ich«, von dem Emmanuel Lévinas spricht, um den Genuss zu beschreiben. Darin hat die unstillbare Sehnsucht des Selbst nach dem Anderen wohl ihren äußersten Grund: Das Selbst sehnt sich nach dem Genuss, den der Andere verkörpert und um dessentwillen er als hinreißend schön und bejahenswert erscheint, da in ihm das Selbst sich aufzulösen und neu zu formen und auf diese Weise unendlich zu bereichern vermag. Fatalerweise aber trennt dieselbe Sehnsucht die Individuen wieder voneinander, sobald das Zusammensein mit dem jeweils Anderen keinen Genuss mehr verspricht.

Der bewusste Gebrauch der Lüste kann darin bestehen, sie zu vervielfältigen und zu intensivieren, sie jedoch auch im Maß zu halten und nicht auf einmal aufzuzehren. Die *vorsätzliche Begrenzung* der Lüste hält die Sehnsucht nach ihrem Genuss wach, denn Sehnsucht gilt nur einem Gut, das nicht beliebig verfügbar ist. Die Begrenzung ist ein Signum der Selbstmächtigkeit, und vom Selbst hängt es ab, die Grenzen aufrechtzuerhalten, sie durchlässig zu gestalten, sie aufzulösen oder anders zu ziehen. Nur die Freiheit, die grenzenlos ist, kennt keine Selbstmächtigkeit und nimmt sich selbst nicht mehr wahr; spürbar ist sie allenfalls noch im Moment der »Überschreitung«. Das selbstmächtige Selbst untergräbt nicht die Lebhaftigkeit der Lüste, ist jedoch darauf bedacht, sich nicht von jeder ihrer jähen Wendungen abhängig zu machen, ganz nach der aristotelischen Formel: »Wer sich in jeden Genuss stürzt und sich nichts versagt, wird haltlos, wer jeden meidet wie die Spießer, wird stumpfsinnig.« Das richtige Maß der Mitte aber, das es zu finden gilt, ist nicht von vornherein festgelegt, und erst recht liegt es nicht in der arithmetischen Mitte, vielmehr ist es von einem eigentümlichen Schwanken gekennzeichnet, das das Selbst gelegentlich nach der Seite des Zuviel, dann wieder nach der des Zuwenig »ausbiegen« lässt.

Eine Maxime des Gebrauchs, die besonderen Wert auf die Erfahrung des Zuviel legt, geht zurück auf Montaigne, der dem *frivolen Gebrauch* das Wort redet und damit wiederum die maßvolle Begrenzung begrenzt; er bedauert nur, dass die Sprache zu arm und die Worte nicht zitierfähig seien, um die Dinge der Lust stärker zum Ausdruck zu bringen, die doch ein Bestandteil der »Kultur des Körpers« sind. Er rät dazu, sich nicht ängstlich vor dem Zuviel, dem Exzess zu hüten; vor allem der junge Mensch soll sich sogar häufig dem Exzess hingeben, um mit ihm vertraut zu werden, »sonst ruiniert ihn die geringste Anfechtung«. Der Exzess dient außerdem dazu, sich allzu starr werdender Gewohnheiten wieder zu entledigen; Montaigne trifft daher bewusst die Wahl, die Lüste auf sich wirken zu lassen und der »Subjektivierung« durch sie in einer Art von vorsätzlicher Unterwerfung Raum zu geben. So gelangt er zu einer »Leichtigkeit« des Lebens, die aus dem Auftrieb hervorgeht, den der Genuss der Lüste seinem

Leben verleiht: »Der Genuss ist eins der wichtigsten Dinge, aus denen wir Gewinn ziehen können«, denn er sorgt für die Motivation und Intensität der Existenz. Um die Lüste richtig zu dosieren, ihnen weder nachzujagen noch sie zu fliehen, sondern sie »aufzunehmen«, vertraut Montaigne auf die Klugheit, und selbst die Mäßigung dient ihm noch dazu, die Lust zu steigern; die Formel vom »Gebrauch der Lüste« findet sich bei ihm. Im Hinblick auf die Dinge der Liebe plädiert er für das Kalkül der Liebenden, mit der Nähe und der Distanz zueinander zu spielen: Eine Kunst des Liebens zwischen Präsenz und Absenz, ohne dabei allzu sehr von Liebe zu schwärmen, die in seinen Augen ja doch nur die Gesundheit bedroht.

Auf Aristoteles und Montaigne lässt sich Bezug nehmen, wenn es in der reflektierten Lebenskunst um die Ästhetik des Gebrauchs der Lüste geht, beruhend auf der Selbstmächtigkeit, sich den Lüsten nicht einfach nur auszuliefern, und der *wählerischen Haltung,* selbst darüber zu befinden, 1. welche Lust, 2. wann, 3. wie lange, 4. mit wem, 5. in welcher Situation, 6. in welchem Maße und 7. bis zu welchem Punkt zu gebrauchen ist, verbunden mit einer Verfügungsmacht über die Techniken, die einzusetzen sind, um Lust zu erzeugen und zu genießen. Sich lediglich »gehen zu lassen«, kann nicht als Kunst im Umgang mit den Lüsten gelten; diese Art von Freiheit stellt keine besonderen Anforderungen an das Selbst. Der Gebrauch kann jedoch zu einem Element der gestaltenden wie der gelassenen Lebensführung werden; der gestaltenden, um mithilfe der Lüste dem Leben die Form zu geben, die als die schönste empfunden wird; der gelassenen, um sich nicht in der Mühe der Führung des Lebens zu erschöpfen, sondern sich auf kalkulierte Weise von Lüsten führen zu lassen. Die Klugheit des Gebrauchs erfordert zudem, im Anderen, mit dem die Lust gemeinsam genossen wird, nicht nur ein Mittel zum Zweck, sondern einen Selbstzweck zu sehen, wie dies das Selbst einem Anderen ja auch für sich selbst abverlangt. Als verhängnisvoll erweist sich unter diesem Aspekt, dass in der Kultur des 20. Jahrhunderts allein »das Begehren« in den Mittelpunkt der Aufmerksamkeit gerückt, ja geradezu metaphysisch überhöht worden ist – in der Folge erschien eine Kunst des Umgangs mit den Lüsten und eine Klugheit ihres Gebrauchs keiner Mühe mehr wert und wurde nicht einmal als Fragestellung wahrgenommen. Das war der Grund für Michel Foucaults Insistieren auf den Lüsten und ihrem Gebrauch – in ausdrücklicher Frontstellung gegen die Lehre vom Begehren.

Eigentümlich für den Gebrauch ist es, eine intensive Beziehung zum Anderen einzugehen und auf dieser Basis die Lüste sich entfalten zu lassen. Was die Lüste »an sich« sind, lässt sich dabei nicht definitorisch festlegen, denn es gibt sie nicht in einem rohen, authentischen Zustand, es gibt sie nur in ihrem *Gebrauch*, der dem Modell des *Verbrauchs*, dem bloßen Konsum der Lüste, diametral entgegensteht. Nur das Sex-Subjekt des 20. Jahrhunderts suchte nach einer Lust an sich, die gleichermaßen objektiv existierte und daher auch wie ein Objekt zu behandeln war. Charakteristisch für das Sex-Subjekt ist der Konsum in Form von achtloser Verausgabung und Verschwendung der Lust, die noch dazu auf die Lust des Geschlechts, eben auf »Sex« reduziert wird, in dem mit fragloser Selbstgewissheit die Lust schlechthin vermutet wird; der Körper, der des Selbst wie der des Anderen, erscheint dabei nur als ein Gegenstand, aus dem der höllische Funke der Lust herauszuschlagen ist. Vielleicht ist die *Somatomanie* in den modernen Kulturen, in denen der Sex zu herrschen begann, eine späte Reaktion auf die abendländisch-christliche *Entleibung* des Menschen: Nach der alleinigen Geltung von Seele und Geist blieb ein lästiger, vernachlässigter, irdischer Körper zurück, und mit der cartesianischen Apotheose des reinen Denkens verfiel der Körper gänzlich zu einem Staubkorn der ausgedehnten Materie. Als Antwort auf dieses Vergessen der Kultur des Körpers könnte das Hervortreten des hysterischen Körperkults, dessen Signum der Sex ist, zu erklären sein. Man kann jedoch auch die unbewusste Fortsetzung des christlichen Kreuzzuges zur Abtötung der Lüste mit anderen Mitteln darin sehen.

Vergessen blieb angesichts der Dominanz des Sex, dass es noch andere und vielfältigere Lüste als die isolierte Lust des Geschlechts gibt: Lüste der Sinne, also des Sehens, Hörens, Riechens, Schmeckens, Tastens und Spürens, die ein inniges, intimes Genießen gestatten; Lüste des Denkens und der Reflexion, die sich in der Distanz der Abstraktion vollziehen; Lüste des Träumens und der Phantasie, in denen das Selbst fern ist von jedem Kalkül; Lüste der Erinnerung, die das gelebte Leben zu wiederholen erlauben; Lüste der Lektüre und des Gesprächs, die die Weite des Lebens zwischen Einsamkeit und Geselligkeit erfahrbar machen; Lüste des Lachens in allen Variationen, die Körper, Seele und Geist zugleich in Vibrationen versetzen; Lüste des bloßen Seins, die sich der Muße und Gelassenheit verdanken; Lüste des nomadischen Seins, die aus der vielfältigen Begegnung mit Anderen und Anderem resultieren. Die Fülle der Lüste, ihre Komposition und der gekonnte Umgang mit ihnen münden in eine *Kunst der Erotik,* in der nun die Lust des Geschlechts nur eine Lust unter anderen ist und im Zusammenspiel mit anderen Lüsten ihren Sinn findet: Eingebettet in die Erotik sorgt der Gebrauch auch dieser Lust für wahren Genuss; der Raum der Erotik ist der Intimität förderlich, die innige Lüste hervortreibt und sie nicht in beliebiger Streuung verschwinden lässt; hier allein triumphiert der kluge Gebrauch der Lüste über den bloßen Konsum von Körpern. Alles gewinnt Sinn durch die Erotik, sie ist der umfassende Reichtum und der grundlegende Reiz, der die Rettung des Lebens bedeutet, auch wenn sonst nichts mehr von Bedeutung ist.

Bestandteil der Kunst der Erotik ist die Inszenierung der Lüste, sind die Rituale, die um die Lüste herum errichtet werden, das Dekorum, der Schleier und die Verkleidung, durch die hindurch sie nur zu erahnen sind, die Rhetorik, die weniger über sie redet als vielmehr beredt über sie schweigt, die kalkulierte Verzögerung ihres Gebrauchs in der Zeit, die dem Subjekt erlaubt, allmählich in sie hineinzugleiten und nicht in einer plötzlichen Explosion sie zu verpuffen, schließlich das Wissen darüber, dass der Umgang mit den Lüsten sich der Askese bedienen kann, um ihren Genuss zu intensivieren. Im inszenierten Umfeld kann jener Tanz des Fleisches sich entfalten, dessen das Selbst bedarf, um ein erfülltes Leben zu erfahren, und die Kunst der Erotik gibt dem Selbst Gelegenheit, das Gedächtnis des Fleisches zu bestärken, statt es »danach« beschämt wieder auszulöschen. Ideal ist die erotische Begegnung, die den Geist (mit dem Anderen zu denken), die Seele (mit ihm zu fühlen) und den Körper (ihn zu spüren) umfasst, und bei der die Sorge des Selbst nicht ausschließlich der eigenen Lust, sondern ebenso der des Anderen gilt; eine Begegnung, die ausgekostet werden kann im vollen Bewusstsein, nicht den Traum vom immerwährenden Einssein erfüllen zu können, vielmehr dem Rhythmus des Einsseins und Getrenntseins, des Verstehens und des Missverstehens zu unterliegen – und selbst dies kann als bejahenswert an einem »schönen Verhältnis« erfahren werden. Das Wissen in der Erotik aber ist ein Erfahrungswissen, Anregungen hierzu vermitteln allenfalls die Kulturen, die auf verschwiegene Weise erfinderisch sind, was die Dinge der Liebe und die Techniken der Lüste angeht; entscheidend ist die eigene Erforschung, die überwältigende

Entdeckung, das Fehlgehen und der erneute Versuch – die bloße Theorie kann da nicht helfen.

Aufgrund der historischen Entwicklung ist der Gebrauch der Lüste am Ende des 20. Jahrhunderts allerdings auf neue Weise zum Problem geworden und hat ein Kalkül herbeigezwungen, das gleichsam beiläufig die Entstehung einer neuen Kunst der Erotik begünstigt. Jedenfalls ist im Zeitalter von *Aids* die Erfahrung der Lüste nicht dieselbe geblieben: Hatten die Jahrzehnte der »sexuellen Befreiung« die Erfahrung einer sorglosen geschlechtlichen Lust mit sich gebracht, so kehrte mit der Ausbreitung der Krankheit die Sorge zurück; die Lüste sorglos zu genießen, konnte nun, wie in längst vergangen geglaubten Zeiten, wieder bedeuten, ahnungslos das eigene Leben und das Leben Anderer zu riskieren. Es war Foucault, der dies zuerst und aufgrund eigener Betroffenheit zum Thema machte und zugleich jene antike Debatte wieder entdeckte, die eine moderne und andersmoderne Entsprechung finden sollte: Welches Recht hat das Selbst, sich des Körpers eines Anderen zu bedienen, und unter welchen Bedingungen? Welche Haltung zum Anderen kann das Selbst einnehmen, welche Distanz bewahren, welches Kalkül in Kraft setzen? Der eigene Körper und der des Anderen ist nicht mehr nur der Ursprungsort und das Objekt eines Begehrens, sondern der Gegenstand einer Beunruhigung. Der Gebrauch der Lüste, beruhend auf der klugen Wahl, die vom Subjekt selbst zu treffen ist, wird zu einem grundlegenden Bestandteil der reflektierten Lebenskunst.

Wenn auf diese Weise die Unmittelbarkeit des Begehrens von der Reflexion gebrochen wird, dann wird damit der Spalt aufgerissen, in dem sich die Erotik, die eine von Grund auf reflexive Kunst ist, erneut einnisten kann. Die Reflexion bringt jene Verzögerung ins Spiel, die den gedankenlosen Vollzug des Aktes durchbricht und die Lust zugleich vervielfältigt durch das reflexive Moment, das auch andere als die unmittelbar ans Geschlecht gebundenen Lüste in den Blick kommen lässt. Die Intimität ist wieder eingebettet in eine Beziehung des Vertrauens, statt nur Begleiterscheinung einer beiläufigen, bedeutungslosen Begegnung zu sein; die leidenschaftliche Hingabe ist nicht mehr nur der Ausdruck einer zufälligen Aufwallung der Gefühle. Und eine neue Zeit der Askese bricht an, nicht nur im Sinne einer frei gewählten Enthaltsamkeit, sondern im Sinne eines Verzichts darauf, sämtliche Möglichkeiten beliebiger Beziehungen auch zu realisieren, stattdessen einzelne Beziehungen auszuwählen, denen die hingebungsvolle Aufmerksamkeit gewidmet wird, derer das Selbst fähig ist.

Bei einer Erneuerung der Erotik sind in den Gebrauch der Lüste jedoch auch *virtuelle Lüste* einzubeziehen. Dabei bezeichnet die phantastische Quasi-Sinnlichkeit des »Cyberbody« zunächst zweifellos die höchste Form der Entleibung, die nur eine neue Einkörperung nach sich ziehen kann, mit der wiederum in der Geschichte des Körpers, wie so oft mit dem Anbruch einer neuen Epoche, ein veränderter Körper entsteht, der nun nicht mehr verleugnet oder beschworen, sondern vervielfältigt erfahren wird; Intellekt und Sinnlichkeit verschmelzen in ihm auf neue Weise zu einem schillernden Leib. Jetzt erst, da er virtualisiert wird, ist der Leib neu zu entdecken mit der ihm eigenen Intelligenz, seiner reichen und komplexen Wahrnehmungskapazität, seiner Fähigkeit, Erfahrungen zu machen. Zugleich wird erfahrbar, welche Sinnlichkeit im Cyberspace entbehrt werden muss und sich doch als wesentlich erweist, um die Fülle des Lebens zu genießen. Sofern die Virtualität jedoch der neuerliche Versuch sein sollte, nur die Lust zu suchen und jeglichen Schmerz zu fliehen, wird auch dieser Versuch lehren können, dass die reine Lust nicht zu haben ist und dass sie allein auch nicht die Fülle des Lebens repräsentiert. Nur zwischen Lust und Schmerz spannt sich das Leben.

Anstoß zur Sorge:
Vom Sinn der Schmerzen

Die Fülle des Lebens umfasst den Widerspruch von Lust und Schmerz. Leben ist nicht allein nur Lust und ist nicht mit einer Kontinuität des Angenehmen zu verwechseln: Fehlt der zumindest zeitweilige Stachel des Schmerzes, so ist Lustlosigkeit, ja sogar Leblosigkeit die zwingende Folge. Vorausgesetzt, dass dies sich so verhält: Was hat es dann zu besagen, dass körperliche wie seelische Schmerzen, das Leiden allgemein, absolut inakzeptabel für die abendländische Kultur geworden sind? Dies hatte den modernen Traum der Realisierung des universellen Glücks charakterisiert: Den Schmerz aus der Welt zu schaffen – nicht nur jenen, der Individuen zugefügt wird und der nicht hinnehmbar ist, sondern den Schmerz überhaupt. Die reduzierte und säkularisierte Umsetzung des ursprünglich doppelten christlichen Anliegens, den Schmerz zum einen zu nobilitieren (daher der »Schmerzensmann«), zum anderen aber ihn zu überwinden und schließlich aufzuheben in einer jenseitigen Welt ohne Schmerz, kann darin gesehen werden. In anderen Kulturen sind andere Haltungen zum Schmerz zu finden, die allerdings ihrerseits als problematisch erscheinen können, etwa bei einer unterschiedslosen Hinnahme von Schmerz und Leid auch dann, wenn die Ursachen fragwürdig sind; Schmerz und Leid werden in dieser Perspektive zum Schicksal, das fraglos zu akzeptieren ist.

Schmerzen können vielfältiger Natur sein, und ihre Vielfalt wird noch gesteigert durch die Art ihrer individuellen Erfahrung. Was somatische Schmerzen angeht, sind die momentan auftretenden akuten Schmerzen von den lange sich entwickelnden, lange anhaltenden chronischen Schmerzen zu unterscheiden. Der Oberflächenschmerz, der mit schneidender Intensität auftritt und schnell wieder abklingt, lässt sich unterscheiden vom Tiefenschmerz in Muskeln, Knochen und Gelenken, auch von Eingeweideschmerzen in inneren Organen, die jeweils sehr stark in die Umgebung ausstrahlen können und daher nicht genau zu lokalisieren sind. Ist der somatische Schmerz schon allzu oft nur vage zu bestimmen, so gilt dies erst recht für psychisches Leid, dem nachzugehen einer eigenen Hermeneutik bedarf und das dennoch kaum zu fassen ist. Der offenkundig starken Wechselwirkung zwischen somatischen Schmerzen und psychischem Leid trägt ein psychosomatisches Verständnis der Schmerzen Rechnung.

Die Empfindung von Schmerzen kann das Selbst dermaßen durchdringen, dass nichts anderes mehr spürbar ist. Schmerzen schreien im Selbst so ohrenbetäubend, dass sie alle Aufmerksamkeit zu sich hin zwingen. Man kann geradezu von einem »Kosmos der Schmerzen« sprechen, so weit reichend und überwältigend kann ihre Erfahrung sein: Das ganze Universum scheint erfüllt davon zu sein und birgt nichts anderes mehr in sich. Mein Sein, das ist mein Schmerz, das allein ist gewiss, nichts daran ist kognitiv, alles ist nur leidender Leib, und die ganze Seele ist ein verzweifelter Schrei. Der Schmerz scheint das *Eigenste* zu sein, dessen das Selbst fähig ist, denn es ist *sein* Schmerz, sein Eigentum – ein Eigentum freilich, das niemand sonst haben will, das einzige Eigentum, das keinen Neid auf sich zieht. Wie die Lust ist der Schmerz zu einer unerhörten Intensität in der Lage, aber im Unterschied zu ihr kann er völlig unerträglich werden und trifft damit die Existenz in ihrem eigensten Kern, dort nämlich, wo sie von Auslöschung bedroht ist. So sorgt der Schmerz für die größte Intimität des Selbst mit sich selbst. So manifest die Erfahrung für das Selbst jedoch ist, so schwierig ist es, sie mitzuteilen. In die größte Einsamkeit wirft der Schmerz das Selbst, in der es allein ist mit ihm, denn mit einem Anderen die Lust zu teilen ist leicht, den Schmerz zu teilen aber unmöglich. So vertraut der eigene Schmerz ist, so fremd bleibt, bei allem Mitgefühl, der Schmerz von Anderen.

Was aus dem Eigentum, das der Schmerz ist, zunächst resultiert, ist nicht etwa die Selbstmächtigkeit, sondern deren Niederlage, die ihren Sinn allenfalls darin hat, einen neuen *Anstoß zur Selbstsorge* zu geben und in diese Sorge auch Andere einzubeziehen, Sorge im doppelten Sinne: *Ängstliche* Sorge, mit der das Selbst befürchtet, sich selbst oder etwas oder jemanden, zu dem es in enger Beziehung steht, zu verlieren; *kluge* Sorge, mit deren Hilfe es daraufhin umsichtiger, vorsichtiger und vorausschauender operiert. Der Schmerz zwingt die Sorge herbei, die das Selbst wieder auf den Weg zu bringen vermag. Er lässt nicht nach und lässt keine Gewöhnung zu, die das Selbst darüber hinwegtäuschen könnte, dass seine Sorge nun existenziell vonnöten ist. Hierfür ist es nicht wichtig, somatische von psychischen, akute von chronischen Schmerzen zu unterscheiden. Das Selbst, zumindest ein Teil des Selbst, ist in Gefahr, das allein ist wesentlich, und die Sorge lässt Leib und Seele endlich die Aufmerksamkeit zukommen, die ihnen zusteht, da sie die Medien des Lebens sind, die im Schmerz ebenso triumphieren wie in der Lust. Die existenzielle Erfahrung des Lebens, das nun wieder zu spüren ist, auch den Anfang zu einem anderen Leben verdankt das Selbst dem Schmerz, der die intensivste Form des Lebens ist. Für die physiologische Schmerzforschung tritt dies als »ungewöhnlich intensive Mobilisierung weit gestreuter Hirnareale« in Erscheinung, die möglichst nicht mit einer bloßen »Abschaffung von Schmerz«, etwa durch schmerzstillende Mittel – die meistgekauften aller Medikamente – beantwortet werden sollte. Auch wenn die Betäubung unumgänglich ist bei einem Schmerz, der nicht auszuhalten ist, so führt die prinzipielle, gewohnheitsmäßige Ausschaltung von Schmerz doch zur Ignoranz gegenüber dem Impuls, dessen Sinn der Anstoß zur Sorge ist und dessen Missachtung letzten Endes nur größeres Leid bewirkt, denn die Dimension der Abgründigkeit der Existenz, die das Selbst in Frage stellt, lässt sich nicht folgenlos negieren. Was bleibt, ist die Verletzlichkeit des Selbst, die durch nichts zu eliminieren ist.

Man muss nicht nach dem »eigentlichen« Sinn und metaphysischen Wesen von Schmerz fragen, um diese Beziehung zwischen Selbst und Schmerz in ihrer ganzen Bedeutung für eine reflektierte Lebenskunst in den Blick zu bekommen. Der Versuch, jeden Schmerz abzuschaffen, verweist auf ein fehlendes Verhältnis des Selbst zu sich. Denn wenn der Schmerz das Eigenste ist, kommt diese Abschaffung einer Selbstamputation gleich, da sie das Selbst seines Vermögens beraubt, sich selbst zu spüren, sein Innerstes zu empfinden. Was in Frage steht, wenn der Schmerz sich bemerkbar macht, ist die *Kohärenz des Selbst*, deren Verletzung er anzeigt, welcher Natur diese Verletzung auch sein mag, somatisch, psychisch oder imaginär. Selbst der rätselhafte »Phantomschmerz«, der in einem nicht mehr vorhandenen Körperteil gespürt wird, ist so zu erklären; ebenso der Schmerz über den Verlust lieb gewordener Dinge, mit denen das Selbst »verwachsen« war, oder von Lebewesen, mit denen es zusammenlebte, vor allem aber von Menschen, die zu einem Teil seiner selbst geworden waren. Schon die bloße Abwesenheit des Anderen, der geliebt wird, reißt eine Wunde in das Selbst, die nicht aufhört, weh zu tun – ein Schnitt ins Fleisch, der kaum mehr verheilt, der also nicht aufzuheben, allenfalls hinzunehmen ist. Es gibt Wunden, die nicht zu heilen sind, und deren Heilung für das Selbst auch nicht von Interesse ist; die fällige Neukonstituierung seiner Kohärenz besteht dann nicht mehr in der Wiederherstellung eines früheren, heilen Zustandes, sondern in der Eingliederung der Wunde in das Selbst: Die Wunde selbst gehört nun zur Kohärenz.

Keine Frage, dass es eine Schwelle der Erträglichkeit von Schmerzen für jedes Individuum gibt. Aber nicht jeder Schmerz muss geflohen, nicht jeder noch so kleine somatische Schmerz betäubt, nicht jedes psychische Leid schon im Ansatz erstickt werden. Medizin und Schmerztherapie verfügen über ein ganzes Spektrum an Möglichkeiten, auf Schmerzen zu antworten, die nicht alle dem Konzept der *Intervention* folgen müssen, wonach Schmerzen zu bekämpfen und nach Möglichkeit aufzuheben sind; sie können vielmehr, wo immer dies möglich ist, dem alternativen Konzept der *Integration* folgen, wonach Schmerzen ebenso wie Lüste ins Leben aufzunehmen und der Kohärenz des Selbst einzugliedern sind. Eine Möglichkeit zur Integration bietet die Einübung kunstvoller Formen der *Expression*, derer das Selbst vor allem im Augenblick der Schmerzaufwallung bedarf: Es greift nach ihnen wie ein Ertrinkender nach dem Strohhalm, als könnte es sich damit vor der Sturmflut retten, die es über sich hereinbrechen fühlt. Es ist wie das gezielte Öffnen von Schleusen, um sich Entlastung zu verschaffen, und sei es nur mithilfe eines hervorgestoßenen Schreis. Da die Erfahrung jäh hervorbricht, bleibt dem Einzelnen keine Zeit, auch nur einen Augenblick lang die möglichen Formen des Ausdrucks zu reflektieren; so greift er unbewusst zurück auf die zur Verfügung stehende Kunst, Schmerzen zu empfinden, auf die Mimik und Gestik, die eingeübt worden ist, um den Schmerzen Ausdruck zu verleihen. So roh die Erfahrung von Schmerzen auch zu sein scheint, so sehr ist schon die Art und Weise ihrer Erfahrung, erst recht ihr möglicher Ausdruck geprägt von den Formen, die dafür bereitstehen, abhängig von der jeweiligen Kultur, aus der sie aufgenommen, angeeignet und eigenständig weiter ausgearbeitet werden. Welche Bedeutung fürs Leben und für das Selbst dies hat, zeigt sich etwa daran, dass Kinder sich von früh an darin üben, Ausdrucksmöglichkeiten für Schmerzen auszuprobieren und jede Gelegenheit dazu zu nutzen, auch wenn kein unmittelbarer Anlass dazu besteht.

Eine weitere Möglichkeit zur Integration stellt die *Hermeneutik der Schmerzen* dar, die deren Sinn und Bedeutung zu interpretieren und zu verstehen sucht. Die Tätigkeit der Deutung ist dabei beinahe entscheidender als das Ergebnis, denn ein Ende der Gleichgültigkeit und der Anfang einer Beunruhigung kommen darin zum Ausdruck und sorgen dafür, dass das Selbst sich wieder sich selbst aneignet; die Frage nach dem Sinn (den Zusammenhängen) und der Bedeutung (der Wichtigkeit der Schmerzen) ist ein Element der Sorge des Selbst um sich. Daher sollte die Arbeit der Hermeneutik nicht Physiologen und Psychologen allein überantwortet werden, denn der Schmerz liefe dabei Gefahr, zum objektiven Geschehen zu werden, das kausal zu entziffern ist, isoliert von dem Individuum, das die Schmerzen subjektiv empfindet und dessen Eigenstes sie doch sind. Die wissenschaftliche Objektivierung kann zu dieser Hermeneutik zwar den unverzichtbaren Blick von Außen beisteuern, sie sollte jedoch nicht dazu führen, die Eigenheit des subjektiven Verhältnisses zum Schmerz in der Allgemeinheit wissenschaftlicher Erkenntnis aufzuheben. Die Schmerzerfahrung gänzlich an die Autorität des Arztes oder des Therapeuten abzutreten, kann den Verlust der Sorge nach sich ziehen und somit den subjektiven Sinn und die existenzielle Bedeutung von Schmerz zunichte machen. Die »Abschaffung des Sinns«, die dem Schmerz nur noch eine Existenz als elektrischer Impuls zugesteht, der durch die Nervenstränge schießt, geht in der Geschichte des Schmerzes mit der modernen Überzeugung einher, Schmerzen würden »einfach und ausschließlich ein medizinisches Problem darstellen«.

Dass der Schmerz das Eigenste des Selbst ist, bedeutet jedoch nicht zwangsläufig, dass seine Herkunft ebenso privater Natur wäre. Die Hermeneutik der Schmerzen kann vielmehr auch deren gesellschaftliche und politische Dimension zum Vorschein bringen. Sie kann die Macht ausfindig machen, die von Außen auf Leib und Seele einwirkt und das Selbst verletzt, sei es in brutaler Offenheit, die die Zusammenhänge zwischen dem äußeren Zugriff und der Verletzung des Selbst nicht verschleiert, sei es in perfider Heimlichkeit, die kaum zu fassen ist. Die *Politik der Schmerzen*, von der gesprochen werden kann, kennt diese Seite einer beherrschenden Macht (die *heteronome* Seite), die sich darin äußert, Schmerzen vorsätzlich zuzufügen oder beiläufig zu verursachen. Sie kennt jedoch auch die Seite der betroffenen Individuen (die *autonome* Seite), auf deren Seite die Schmerzerfahrung zum Anlass werden kann, eine gegebene Situation nicht länger zu akzeptieren, sondern sich dagegen zur Wehr zu setzen. Und dies betrifft keineswegs nur Probleme einer »großen Politik«, vielmehr ebenso sehr die »Kleinstpolitik« des Verhältnisses zwischen Individuen auf allen Ebenen und in allen Bereichen der Gesellschaft, und es kann darum gehen, sich gegen eine Zufügung von Schmerz zu wehren, verletzende Verhaltensweisen eines Anderen nicht hinzunehmen und die Beliebigkeit des Umgangs miteinander nicht ins Grenzenlose wachsen zu lassen. Allerdings kann auch die autonome Antwort wiederum schmerzlich für Andere ausfallen, sodass es kein Entkommen aus dem Spiel zu geben scheint, sich wechselseitig weh zu tun und den jeweils Anderen Schmerzen empfinden zu lassen, um die eigene Macht zu behaupten, solange kein wechselseitiger Verzicht auf dieses Machtspiel zustande kommt.

Darüber aber, wo die Schmerzgrenze des *Intolerablen*, dessen also, was nicht mehr hinnehmbar ist, genau zu ziehen ist, herrscht die größte Unsicherheit. Wann ist es »genug«? Dies allgemein und im Einzelfall, individuell und gesellschaftlich immer wieder neu zu bestimmen, ist eine weitere Aufgabe der Hermeneutik. Die Schmerzgrenze kann nicht ein für allemal, in jeder Hinsicht und für jeden Zusammenhang eindeutig festgelegt werden, sie ist vielmehr in Bewegung, bewegt von den Besonderheiten einer Situation und den Empfindlichkeiten der Beteiligten, ihren Vorstellungen und Erfahrungen, sowie ihrer Bereitschaft, Belastungen auszuhalten oder nicht. Sie steht auch dort in Frage, wo es keinen verantwortlich zu machenden »Urheber« der Schmerzen, dennoch aber Verletzungen gibt, wie dies etwa im Hinblick auf ökologische Zusammenhänge der Fall sein kann, deren Beeinträchtigung ein Individuum möglicherweise am eigenen Leib verspürt und schmerzlich in sich auszutragen hat. In einer Welt, die den Schmerz negiert, sind die Individuen jedoch nicht vertraut mit dieser Arbeit der Hermeneutik, die zum Bestandteil des Umgangs mit der Erfahrung von Schmerz werden könnte. Das stumme Geschehen in Edward Hoppers »Exkursion in die Philosophie« führt dies für den Bereich privater Verhältnisse deutlich vor Augen: Die beiden Individuen igeln sich ein in ihrem je eigenen Schmerz, den einer dem Anderen vielleicht ungerechtfertigt zugefügt hat, und der nun dazu führt, alle Brücken zueinander abzubrechen. Dabei könnte, da der Schmerz das Eigenste eines jeden ist, gerade der gemeinsam erfahrene Schmerz die Begegnung mit dem Eigensten des jeweils Anderen forcieren und die höchste Form von Intimität realisieren.

Grundsätzlich kann der Schmerz auf zweifache Weise

wirksam werden, *destruktiv* und *produktiv*, und diese beiden Momente sind keineswegs voneinander zu trennen. Destruktiv, denn die Welt verschwindet im Kopf des Leidenden; völlig vom Schmerz besessen, sinkt die äußere Welt zur Belanglosigkeit für ihn herab und wird zum Nichts. Produktiv, da in der Vorstellung des Leidenden eine ganze innere Welt neu entstehen kann; die überströmende Einbildungskraft denkt sich die Welt nicht nur neu, sondern stellt sie gleichermaßen als Kunstwerk neu her. Aus guten Gründen führen einige Kunst- und Kulturtheorien das Entstehen des einzelnen Kunstwerks wie auch das Entstehen von Kultur überhaupt auf die Erfahrung von Schmerz zurück. Wenn dies sich so verhält, dann kann es erst recht nicht um eine Aufhebung und Abschaffung von Schmerz gehen, zumal der Anstoß, dem die Arbeit am Kunstwerk und an der Kultur sich verdankt, wohl ebenso dem Kunstwerk des Lebens und der Lebenskunst förderlich ist. Die Kunst, Schmerzen zu empfinden, ist unverzichtbar auf dem Weg zur Klugheit in einer reflektierten Lebenskunst, denn die einschneidende Erfahrung reicht tiefer als jede andere; sie befördert besser als alles sonst die Einsicht in die Bedrohtheit des Selbst wie auch Anderer: Das Selbst versteht besser, wie Anderen zumute ist, wenn es selbst erleidet, was sie bedrückt.

Analog zum Gebrauch der Lüste umfasst die Kunst des Umgangs mit Schmerzen in einer reflektierten Lebenskunst eine Reihe von *Kunstgriffen*: Nicht nur Schmerzen aufzunehmen und zu integrieren, sie auszuhalten und auszuleben, sondern sie auch asketisch zurückzuhalten, sie schließlich umzuwenden und zu sublimieren zu jener Gelassenheit und Heiterkeit, für die einst Epikur ein Beispiel gab, der aus der Erfahrung von Schmerzen noch die Freude am Leben zu ziehen verstand. Wenn Schmerzen im Unterschied zu Lüsten gewöhnlich auch nicht dem Bereich der Wahl zugehören, so hat das Selbst doch die Wahl hinsichtlich der Art des Umgangs mit ihnen und gewinnt hierin seine Selbstmächtigkeit zurück. Selbst der kunstvolle Ausdruck von Schmerzen ist im Grunde eine Frage der Wahl, denn nirgendwo ist festgelegt, dass von den kulturellen Angeboten des Ausdrucks Gebrauch zu machen ist, die nahe legen, wie der Schmerz zu empfinden, zu äußern und zu benennen ist, der das Selbst nur vage durchzieht. Das Selbst kann auch das Schweigen wählen, um mit seinem Schmerz allein zu bleiben und ihn nicht beliebig zu zerstreuen: Wahrung der Grenze der Kommunikation, da das, was im Innersten vorgeht, unsagbar ist, oder weil es zur Würde des Selbst gehört, sein Innerstes nicht preiszugeben, oder weil es nicht beliebig jeden daran teilhaben lassen will.

Niemand sucht nach Schmerz und Leid und allgemein nach *Krankheit,* aber auszulöschen sind sie nicht, daher sind sie einzubeziehen in eine reflektierte Lebenskunst. Man solle »höflich« mit seiner Krankheit umgehen, meinte Montaigne, denn sie sei ein Bestandteil des Lebens, habe Bürgerrecht im Selbst und sei daher respektvoll zu behandeln; vielleicht wird die Krankheit heilsam sein, daher kann es nicht etwa darum gehen, sie nur niederzukämpfen, sondern ihr nach Möglichkeit zu entsprechen und ihr gerecht zu werden, mit einem Wort: »Man soll den Krankheiten Durchlass gewähren«. Krank sein heißt, die gewohnte Führung des Lebens aufzugeben, sie aufgeben zu müssen, um sich von jenem Teil des Leibes, jenem Ort der Seele, an dem die Erkrankung kulminiert, führen zu lassen, bis die Heilung vollendet ist, im äußersten Fall aber, wenn es keine Heilung gibt, die Krankheit selbst zum Bestandteil der Lebensführung zu machen. Führt eine Krankheit zum Tod, so gilt es sich vor Augen zu halten, mahnt Montaigne, dass man nicht stirbt, weil man krank ist – man stirbt vielmehr, weil man lebt: Das ist die

Bedingung, unter der das Leben einst angetreten worden ist.

Das *Heilsame* der Krankheit liegt nicht zuletzt darin, sich über das eigene Leben und darüber, dass es einen letzten Tag haben wird, klarer zu werden; nichts spornt stärker dazu an, die Sorge um dieses Leben in die Hand zu nehmen und es vielleicht auf andere Weise zu leben. Die Krankheit ist ein Vorlaufen zum Tod – und eine Rückkehr ins Leben, wenn sie dazu führt, sich wieder mit den wesentlichen Dingen des Lebens zu befassen. »Lehrjahre der Lebenskunst« sah Novalis in den Krankheiten, wenn auch die »Kunst sie zu benutzen« noch unvollkommen ausgebildet sei. Viel ist ferner bei Nietzsche zu lernen über den Sinn einer Krankheit und über die Bedeutung, die sie fürs Leben haben kann, nämlich als Medium der Erkenntnis und der Veränderung – denn was Existenz ist, lässt sich von dieser Grenze her am besten erkennen, und was die erforderlichen Veränderungen angeht, so kann die Krankheit am ehesten zu ihrem Katalysator werden, da sie das Selbst aus der gelebten Existenz herauskatapultiert. Nietzsches Begriff der *großen Gesundheit* ist in die reflektierte Lebenskunst zu übernehmen, denn damit ist eine Gesundheit gemeint, die »der Krankheit selbst nicht entraten mag«. Zur Gesundheit gehört nun selbst die Krankheit, sodass das Selbst gesund ist, wenn es auch krank zu sein vermag und dies noch als Element seiner Gesundheit versteht. Diese Einbeziehung der Krankheit ins Leben steht der diätetischen und wissenschaftlichen »Lehre von der Gesundheit« entgegen, die auf den Ausschluss von Krankheit ihr etwas hypochondrisches System der Lebensführung zu gründen sucht. Dies hat nicht nur Bedeutung für das Leben des Individuums, sondern auch für die Gesellschaft, die den kränklichen Individuen die gesellschaftliche Sensibilität verdankt; sie erspüren früher als Andere den Weg, den die Gesellschaft einschlägt. Daher ist es für eine reflektierte Lebenskunst nicht unbedingt vorziehenswert, von Pathologien völlig frei zu sein. Zu diesen zählt auch das Leiden an der Vergänglichkeit, der profunde Schmerz, das Leben dereinst verlassen zu müssen. Dieser Schmerz ist der Preis, der für die Lust des Lebens zu bezahlen ist. Er ist in gleicher Weise, wie dies die Lust zu leben ist, Bestandteil des erfüllten Lebens, und so ist er einzugliedern in die Kohärenz des Selbst.

Äußerste Sorge:
Vom Leben mit dem Tod

Häufig ist davon die Rede, dass die Moderne nicht nur den Schmerz aufgehoben, sondern auch den Tod vergessen habe, ja dass er aus dem modernen Leben ausgeschlossen worden sei. Aber wer wäre dafür verantwortlich zu machen? An wen richtet sich die Klage? Der Prozess hat sich von selbst vollzogen, die vielfältigen Strukturen, die das hervorgetrieben haben, was man »die Moderne« nennt, haben im Laufe der Zeit den Tod verschwinden lassen, und zwar mit einer gewissen Zwangsläufigkeit: Die Kultur der Zeit kann nicht mit dem messerscharfen *Schnitt in der Zeit* leben, den der Tod darstellt, denn er zerstört jede fortschreitende Bewegung und Veränderung und vernichtet die so selbstgewisse, zielgerichtete Zeit; der Tod ist das Ende der Zeit für den, der stirbt, und, zumindest für einen Augenblick, der Stillstand der Zeit für diejenigen, die die Zeugen des Todes sind − fortan bezeugen sie den tiefen Einschnitt und die daran erinnernde Narbe der Zeit mit der Unterscheidung eines Davor und Danach. Da der Tod gerade im Horizont einer Kultur der Zeit solchermaßen an Macht gewinnt, kann die Antwort darauf nur der Versuch sein, ihn der Lächerlichkeit preiszugeben und ihn zu ignorieren, das heißt ihn zum Verwaltungsakt zu machen. Die Kultur, die an die Zeit glaubt, beginnt am Tod zu leiden wie keine andere; ihn zu besiegen wird, angelehnt an ein christliches Motiv, zu einer ernsthaften Aufgabe, aber der einzig denkbare Sieg, nämlich die Aufhebung des Glaubens an die vergehende Zeit, wäre zugleich der Tod dieser Kultur selbst. Ganz anders wird der Tod erfahren in der Kultur des Raumes, in der die Zeit zyklisch wiederkehrt: Sie hat nicht nötig, den Tod vom Leben abzuschneiden, da er doch Bestandteil der Zyklen des Lebens ist; in unmittelbarer Nachbarschaft mit den Toten leben daher die Lebenden.

Im Umfeld der Raumzeitkultur einer anderen Moderne könnte der Tod neu interpretiert werden, denn was er eigentlich ist, lässt sich nicht sagen – das Gesicht des Todes hat seine eigene Geschichte, die fortgeschrieben werden kann, eine Identität ist ihm fremd. Der Tod lebt nur in den Erfahrungen, die mit ihm gemacht werden, in den Vorstellungen, die von ihm kursieren, in den Formen, die ihm gegeben werden, in der Sprache, die ihm Ausdruck verleiht, und in der Kunst, die ihn darstellt. Die Geschichte vom *Tod als Lebensform* ist längst geschrieben, und sie kann Fortsetzung finden, sobald der Tod wieder als Teil des Lebens wahrgenommen wird, wie dies seit der neuerlichen Konfrontation mit dem Tod im Gefolge von *Aids* zunehmend geschieht, denn diese Krankheit hat den Tod vor allem jenen gebracht, die das Leben noch vor sich hatten, und viele, die mitten im Leben stehen, hat sie frühzeitig zu Zeugen des Todes gemacht; der Tod, der fern und vergessen war, ist somit wieder näher gerückt. In der herrschenden Leere und Ideenlosigkeit des bürokratischen Umgangs mit dem Tod erwacht das neue Bedürfnis, ihm Formen zu geben. Zweifellos werden die neuen Lebensformen des Todes individuell gestaltet sein, gestaltet von den Sterbenden und denen, die sie begleiten; nicht der längst vergessene Kult des Todes wird erneuert werden, von dem stumm und unverstanden noch die Grabsteine zeugen, in denen einst die Seelen der Toten wohnten und auf ihre Wiedergeburt warteten, und in deren Umfeld Fruchtbarkeitsrituale praktiziert wurden; in der Moderne war der Grabstein ohnehin nur noch der seelenlose Träger eines Namens und der Daten, die den zweifachen Schnitt in der Zeit, Geburt und Tod, markierten, womit die Existenz eines Individuums offenkundig hinreichend zu bezeichnen war.

Unter dem Aspekt der Lebenskunst ist jedoch nicht allein der Tod als Lebensform von Interesse, sondern der *Tod als Grenze*, der dem gesamten Leben erst Form und Bedeutung gibt. Daraus, dass diese Grenze in jedem Fall gezogen wird, in welcher Form und wann auch immer, bezieht das Subjekt der Lebenskunst – wie dies schon beschrieben worden ist – die entscheidende Motivation zur Gestaltung des Lebens. Leben mit dem Tod heißt dann, sich klar zu sein darüber, dass dieses Leben begrenzt ist, was immer über diese Grenze hinaus sein wird, und dass der Tod gerade hierin, Grenze zu sein, seinen Sinn hat, und zwar so sehr, dass das Selbst die Grenze, würde sie zum Verschwinden gebracht, wohl selbst zu ziehen hätte. Die Grenze gibt dem Leben, unabhängig von den Formen, in denen es gelebt wird, die existenzielle Form, die es überhaupt Leben sein lässt, und nur der Tod als Grenze macht dieses Leben zum eigenen eines Selbst. Aufgrund der prinzipiellen Möglichkeit für das Selbst, diese Grenze selbst ziehen zu können, wird das Leben, das ihm zunächst ohne sein Zutun gegeben ist, zu einer Frage seiner Wahl, einer aktiven Wahl oder Abwahl, einer expliziten oder impliziten passiven Wahl. Käme der Tod nicht als Begrenzung, als »Horizont« im eigentlichen Sinne des Wortes in den Blick, hätte dies ein bedeutungsloses Leben zur Folge, denn es gäbe keinen Grund, sich um ein schönes und erfülltes Leben zu sorgen. Und gelänge es einst, das Leben ewig dauern zu lassen, schwände die Anstrengung, es wirklich zu leben, dramatisch, und die Individuen brächten ihr Leben wohl erst recht damit zu, auf »das Leben« zu warten.

Wenn eine althergebrachte Übung der Lebenskunst das *Denken an den Tod* ist, dann dient deren Erneuerung dazu, sich den Tod als Grenze bewusst zu machen und das Leben im Hinblick darauf immer wieder neu zu orientieren. Es geht nicht darum, den Tod zu begreifen, denn es gibt nichts zu begreifen am Tod – wie unbegreiflich er ist, erweist sich am Phänomen des Toten: Er ist da und zugleich nicht mehr da, er lebt fort in der Geste, die noch zu sehen ist und die doch nicht mehr ausgeführt wird; seine Augen schimmern noch und sind doch schon verloschen; seine Stimme, die uns eben noch zu erreichen suchte, verhallt im unendlichen Raum. Wohin, wenn er nicht mehr hier ist, sollte er gegangen sein? Das ganze Leben liegt hinter ihm, es gibt für ihn nichts Künftiges mehr, für Möglichkeiten steht kein Raum mehr offen, der Tod hat definitiv die Realität besiegelt, die nicht mehr zu korrigieren ist, und unwiderruflich wird durch ihn das »Projekt« abgebrochen, das noch gehegt worden ist. Das Werk, das das Leben ist und an dem ein Leben lang gearbeitet worden ist, ist abgeschlossen mit dem Tod.

Das »Denken an den Tod« ist, als äußerste Sorge, um die es im Leben geht, ein Charakteristikum der Philosophie seit ihren Anfängen. Diesen Gedanken immer wieder zu denken, ist eine Übung, mit der das Selbst sich den Tod vor Augen hält, sich an ihn gewöhnt, Vertrautheit mit ihm gewinnt und ihm einen festen Ort in seinem Leben gibt. So verliert es die Furcht vor dem Tod und erreicht eine Gelassenheit im Umgang mit ihm, die ihm dereinst vielleicht erlaubt, »leicht sterben« zu können. Vor allem in der Stoa wurde dieses Ziel systematisch verfolgt: »Übe dich täglich darin, mit Gleichmut das Leben verlassen zu können«, heißt es in Senecas Briefen an Lucilius. Der Gedanke soll nicht eine Fixierung auf den Tod mit sich bringen, durch die das Selbst davon abgehalten würde, sein Leben zu leben; er soll vielmehr die Angst vor dem Tod nehmen, denn was tötet, ist nicht der Tod, sondern die Angst vor dem Tod. Den Tod als Grenze zu akzeptieren, sich vertraut zu machen mit ihm, bedeutet vor allem, frei zu werden für das Leben und es auf diejenige Weise zu leben, die den Tod leicht machen kann. Der Gedanke an den Tod ist in einer reflektierten Lebenskunst gedacht als Ermutigung zum Leben, als Ansporn zum Auskosten der Fülle des Lebens, auch als Erleichterung in schwierigen Momenten des Lebens, in denen das Selbst sich sagen kann, dass alles, was zu schwer erscheint, dereinst zurückgelassen werden kann.

Es gebe nichts, womit er sich mehr beschäftigt habe als mit den verschiedenen Vorstellungen vom Tod, sagt Montaigne: Das ist die Übung, mit der er sich den äußersten Augenblick des Lebens täglich vor Augen hält, in ähnlicher Weise wie die Ägypter, an die er erinnert, die sich nach jedem Mahl das Bild des Todes vergegenwärtigten, nicht um sich zu grämen, sondern um erst recht des Lebens sich zu freuen. Die Lebenskunst geht mit der Kunst des Sterbens einher, das Lebenwissen mit dem Sterbenwissen. Der Tod überschattet nicht das Leben, er ist ein Bestandteil des Lebens, er ist die Regel, die das Spiel ermöglicht und nicht außer Kraft gesetzt werden kann. Er mag das Ziel unserer Laufbahn sein, aber Ziel nur im Sinne des äußersten Punktes, auf den das Leben zusteuert, nicht im Sinne eines Zweckes. Zur Bedingung des Lebens gehört es, das Leben wieder zu verlieren. Paradoxerweise verdanken wir dem Tod das Leben, das wertlos wäre, wenn es nicht den Widerspruch des Todes erführe, der das Leben fühlbar macht. Aber wenn der eigentliche Sinn des Gedankens an den Tod der Gedanke an das Leben ist, so fürchtet Montaigne doch bisweilen, dass der Gedanke an den Tod das Leben unter sich begraben könnte; er rühmt dann die »Nonchalance«, niemals an den Tod zu denken, die ihm geradezu als höchste Stufe der Philosophie erscheint. Aus derselben Überlegung heraus kommt nach ihm auch Nietzsche zu der Aussage, dass es ihn glücklich mache zu sehen, »dass die Menschen den Gedanken an den Tod durchaus nicht denken wollen! Ich möchte gern etwas tun, ihnen den Gedanken an das Leben noch hundertmal *denkenswerter* zu machen.«

Den Tod zu denken und ihn nicht zu denken: Beide Übungen zielen darauf, mit ihm zurechtzukommen. Es gibt darüber hinaus jedoch noch eine weitere Übung, die nicht nur eine des Denkens bleibt, sondern zu einer veritablen Erfahrung wird, und die mit dem Sterbenwissen in unvergleichlicher Weise das Lebenwissen befördert: Das *Mitsterben mit Anderen* ist mehr als nur deren »Begleitung«, denn es ist die Erfahrung des Todes, als wäre es der eigene. Alles Vorwegbedenken des Todes bleibt wirkungslos, solange das Selbst dessen Ernst nicht selbst erfährt, ihn vor sich sieht, sich einfühlt in ihn. Diese Erfahrung verändert die Perspektive auf das Leben von Grund auf, die Dinge ordnen sich neu und gewinnen oder verlieren an Bedeutung. Vieles von dem, was im Alltag sich vordrängt und wichtig erscheint, wird zu einem Nichts angesichts des Todes. Das Selbst stirbt mit dem Anderen, und es stirbt selbst; ununterscheidbar verschmelzen die beiden Tode miteinander, und was die Tränen betrifft, die geweint werden, so ist nicht klar, worüber sie vergossen werden: Über den Tod des Anderen oder über den eigenen Tod, der nun unabweisbar nahe ist. Den Tod des Anderen als den eigenen zu erleben: Es gibt keine nachhaltigere Einübung in den Tod.

Sich anrühren zu lassen von dem Ungeheuerlichen, sich ganz mit Tod zu umgeben, sich umfangen zu lassen von ihm, ihn aufzunehmen in sich: Wer den Tod des Anderen mitgestorben ist, kehrt nicht mehr als derselbe ins Leben zurück. Der Blick des Sterbenden lebt in ihm fort, der Blick zurück aufs ganze Leben, der Blick voraus zum Tod und weit darüber hinaus, dieser doppelte Blick, der als Vermächtnis des Toten im Lebenden lebendig bleibt und aus ihm herausblickt. Mit dem *Blick des Sterbenden* von nun an das Leben zu sehen, das eigene Leben zu prüfen und vielleicht zu verändern: Die Übernahme dieser Perspektive macht den »letzten Tag« das ganze Leben hindurch zum Prüfstein für alle Akte des Lebens, um stets so zu handeln, dass die Maxime und das Resultat des Handelns vor diesem ultimativen Blick Bestand haben können. Es ist der äußerste Punkt der Parrhesia, der Augenblick der Wahrheit, der kein Ausweichen mehr erlaubt, keine Maske, keine Täuschung; es ist der Punkt, von dem aus das gesamte Leben vom Sterbenden selbst, jedoch auch von Anderen eingeschätzt und beurteilt wird. Das Kunstwerk ist fertiggestellt, kein Pinselstrich kann das Gemälde mehr korrigieren, das Werk kann nun betrachtet werden, um die letzte Frage zu beantworten: War es ein schönes Leben, eine erfüllte Existenz? Das ist die *finale Frage*, die sich angesichts des Todes stellt. Was der Tote hinterlässt, ist dieses Werk, das sein Leben ist, mit dem er auf seine Weise, wie anonym auch immer, die Welt mitgeprägt hat und unauslöschlich in ihrem Gedächtnis bleibt, auch wenn sich niemand mehr daran erinnern wird.

Was angesichts des Todes noch Bedeutung hat im Leben, ist nicht die Trias des modernen Lebens, nicht Geld, Macht und Sex, sondern die grundlegendere Trias *Geburt, Tod und die Erotik, die dazwischen ist:* Der Augenblick, in dem ein menschliches Wesen zu atmen beginnt und somit eine ganze Welt neu entsteht, der Augenblick, in dem ein Mensch zu atmen aufhört und somit eine ganze Welt irreversibel verlöscht, sowie die Fülle des Lebens zwischen diesen beiden Momenten, die Möglichkeit des Schönen und Bejahenswerten, der Zauber der Innigkeit mit Anderen. Der größte Trost angesichts des Todes ist das werdende Leben neben dem vergehenden: Die Kinder werden das Leben weitertragen in ihrer Unbefangenheit, es wird ihr Leben sein, sie werden es zu ihrem eigenen machen, werden es lieben und auskosten und auf ihre Weise ein erfülltes Leben führen; das Mysterium der Erotik werden sie kennen lernen als eine Verführung zu neuem Leben, ebenso unbegreiflich wie die Mysterien von Geburt und Tod. Die Toten aber leben weiter in den Lebenden, denn wo sonst sollten sie bleiben! Die Toten sind nicht tot, denn in Nichts sich auflösen können sie nicht. Anstelle der demonstrativ zur Schau getragenen Arroganz einer selbsternannten Avantgarde gegenüber der Majorität, käme es für die Lebenden darauf an, die Toten in sich wohnen zu lassen, schon um sich ihres Beistands auf dem Weg durchs Leben gewiss zu sein. »Es geht darum, dass die Toten einen Platz bekommen. Das ist eigentlich Kultur.« (Heiner Müller)

Das Mitsterben mit Anderen kann dazu beitragen, dem Begriff der *Euthanasie* seinen eigentlichen Sinn als »gutes Sterben« und »schöner Tod« zurückzugeben, ohne dies mit allzu naiven, romantischen Vorstellungen zu verbinden, denn das Sterben kann dennoch unendlich leidvoll, der Tod elend und hässlich sein. In zweifacher Hinsicht kommt die äußerste Sorge, die dem Leben mit dem Tod gilt, dabei zum Ausdruck: In der Sorge für den Anderen in der Stunde seiner größten Not (der unabweisbaren Notwendigkeit), und in der Sorge des Selbst um sich, da ihm selbst dereinst diese Stunde bevorsteht. Würden sich die Individuen diese äußerste Sorge angelegen sein lassen, ließe sich die Kultur der Moderne modifizieren, die keinen Tod zu kennen vorgab und den Einzelnen folglich allein mit ihm ließ. Nicht ein Zurück zu prämodernen Umgangsweisen mit dem Tod steht dabei in Frage, sondern eine Veränderung der herrschenden Haltung, um Sterbende vor einem Tod in entsetzlicher Einsamkeit zu bewahren, die Lebenden aber davor, vor Sterbenden zu fliehen in panischer Furcht, bevor sie selbst eingeholt werden vom Tod. Eine andere Moderne könnte eine andere Kultur des Lebens mit dem Tod sein.

Denn dies eine ist immerhin gewiss für jeden Einzelnen: Er selbst wird dereinst den Status der elitären Minorität der

Lebenden hinter sich lassen und die missachtete Majorität der Toten weiter vergrößern. Es wäre daher unklug, irgendwelcher Überheblichkeit zu frönen. Eines Tages werde ich mich selbst zur letzten Ruhe legen. Vielleicht werde ich zuvor schon wissen, dass mein Ende gekommen ist, und in die Trauer, Abschied nehmen zu müssen für immer, wird sich die Erleichterung darüber mischen, dass nun alles getan ist. Ich werde müde sein dürfen und endlich schlafen können, »selig und süß«. Das Leben wird nur noch von ferne wahrnehmbar sein, die Erfahrungen und Ereignisse werden sich aufreihen am Horizont, während die geliebten Gesichter noch nahe sind. Alles, was schön gewesen war, all die unerfüllten Sehnsüchte, alles, was nicht auszuhalten war, all meine Vergehen: Bald schon, schon mit der ersten Schaufel Humus auf meinem Grab, wird alles zugedeckt sein; besiegelt werden meine Schmerzen, meine Freuden sein, mein Sprechen und mein Schweigen. Dann wird ein neues Leben beginnen. Einstweilen aber geht es darum, das Leben in der Gegenwart neu zu orientieren und es nicht zu verlieren in der Unbekümmertheit über die vergehende Zeit. Es ist das Wissen um die Vergänglichkeit des gegenwärtigen Lebens, das immer wieder den Anstoß gibt zu einem bewussten Gebrauch der Zeit.

Grundlegende Technik:
Die Zeit gebrauchen

Dass Leben sich grundsätzlich in der Zeit abspielt, ist trivial, allerdings ist sich gerade das moderne Subjekt, das in hohem Maße in der Zeit lebt, dessen offenkundig nur selten bewusst. Eine grundlegende Technik der Lebenskunst ist daher der bewusste *Gebrauch der Zeit*, um die existenzielle Zeit zu nutzen und sie nicht im bloßen *Verbrauch* zu verlieren, nicht dem Diktat einer herrschenden Auffassung von Zeit nur zu folgen, sondern sich die Zeit selbst anzueignen – auch dies ein Eigentum, das unmittelbar an die Selbstaneignung und Selbstmächtigkeit gebunden ist. Die enorme Schwierigkeit eines Gebrauchs der Zeit besteht jedoch darin, dass deren Seinsweise immateriell, unkörperlich, unsichtbar und unfassbar ist; das Bedürfnis, das Unfassbare fassbar zu machen, hat seit altersher die verschiedensten Arten von Zeitmessgeräten hervorgetrieben, mit deren Hilfe freilich die eigentliche Frage nicht zu beantworten ist: *Was ist Zeit?* Was die Zeit eigentlich ist, hat noch nie jemand zu sagen gewusst, sodass Zweifel daran, ob es sie wirklich gibt, berechtigt sein könnten. Für die Lebensführung genügt jedoch der simple Befund, dass in allen Wesen, Dingen und Verhältnissen offenkundig Prozesse wirksam sind, die bewirken, dass ein gegenwärtiger Zustand, der mit großer Selbstverständlichkeit die Wirklichkeit allein für sich beansprucht, vergeht, und, wenn er vergangen ist, nicht wiederherstellbar ist. Wahrnehmbar ist der Prozess nur als vergangener, wahrnehmbar durch den Vergleich dessen, was ist, mit dem, was vergangen ist. Fatal an der Erfahrung von Zeit ist die Vergangenheit, die das Selbst sich zurückwünscht, um etwas noch einmal zu erleben oder um alles anders zu machen –

diese vergangene Zeit aber kehrt nicht mehr zurück. Diese schmerzliche Konsequenz steht in signifikantem Kontrast zur beiläufigen Leichtigkeit, mit der die Zeit gehandhabt wird. Da sie so wenig fassbar ist, ist der Leichtsinn im Umgang mit ihr grenzenlos.

In Senecas Schrift »Von der Kürze des Lebens« wird aus diesem Grund die Lebenszeit zur kostbaren Ressource erklärt, mit der sorgsam umzugehen ist, um sie nicht in der Kürze des jeweiligen Augenblicks zu verschleudern. Wer das Leben »lang« haben will, erreicht dies nicht durch eine wie auch immer geartete Verlängerung des Lebens, sondern nur durch eine zeitliche Erweiterung des geistigen Horizonts, um den gegenwärtigen Vollzug der Existenz im Licht des Vergangenen (der Erfahrungen, die jemals gemacht, und der Gedanken, die jemals gedacht worden sind), sowie des Künftigen (der Möglichkeiten, die sich abzeichnen und die denkbar sind) zu sehen. Die retrospektive und prospektive Erweiterung des Horizonts bewirkt eine Verdichtung des Lebens in der jeweiligen Gegenwart, in der allein gewählt und gehandelt werden kann. Das Selbst bewegt sich im weiten Horizont dessen, was war, um aus diesem unendlichen Fundus seine Orientierung für die Gegenwart zu gewinnen, und ebenso im unabsehbaren Horizont des Künftigen, weit über das eigene Leben hinaus, um das, was kommt, vorweg zu bedenken und vorzubereiten. So ist es nicht mehr eingeschlossen in die unmittelbar eigene, äußerst begrenzte Zeit.

Prekär ist jedoch das Verhältnis des Gegenwärtigen zum Künftigen, denn es handelt sich um das Verhältnis des Wirklichen zum Möglichen, das für das Leben insgesamt, insbesondere aber für die Lebenskunst, entscheidende Bedeutung hat. Prekär ist das Verhältnis aufgrund der *Schere der Zeit*, die zunächst weit geöffnet ist, im Laufe der Zeit jedoch sich schließt. Vom jeweiligen Punkt der Gegenwart aus gesehen, scheinen unabsehbare Möglichkeiten offen zu stehen, deren Realisierung bedenkenlos der schier endlosen Dauer der Zeit überlassen werden kann. In Wirklichkeit aber beginnt die Schere sich unmerklich zu schließen, unweigerlich verringert sich die Spannweite des Möglichen, in ständig sich verkürzenden Zeitspannen wird der Raum zur Realisierung der verbliebenen Möglichkeiten knapper. Wenn das Subjekt nicht längst Sorge dafür getragen hat, seine Vorstellungen von einem möglichen Leben auf den Weg zur Verwirklichung zu bringen, wächst mit dem Fortschreiten der Zeit allenfalls seine Verbitterung, denn die großen Träume erfüllen sich nun gewiss nicht mehr. Die Zeitschere zerschneidet die Zeit; das, was ist, und das, was künftig sein wird, rückt immer enger zusammen, bis es im Punkt der Gegenwart zusammentrifft und die Zeit endgültig durchtrennt wird. Dass die Schere sich schließt, ist nicht zu verhindern; zu verhindern ist jedoch, durch den rechtzeitigen Gebrauch der Zeit, dass sie die besten Möglichkeiten zerstört.

In der jeweiligen Gegenwart ist ein Anfang zu machen, um dem Leben eine Wendung zu geben und mit der Realisierung von Möglichkeiten zu beginnen. Die Gegenwart allein ist die Zeit der Veränderung, sie ist jedoch auch der große Engpass der Zeit, denn die Möglichkeiten müssen durch dieses *Nadelöhr der Zeit* hindurch, um Wirklichkeit werden zu können. So reich die Möglichkeiten sein mögen, die zur Realisierung hin drängen, so arm an Gelegenheiten hierfür ist jede Gegenwart; welche Möglichkeit in der Gegenwart realisiert wird, ist noch dazu oft eine Frage des Zufalls, der momentanen Machtverhältnisse, der Intrigen und der Ironie, des Drängens, Schiebens und Ziehens – kein sehr erhebender Anblick. Während sich auf der einen Seite die Möglichkeiten stauen, die das Leben noch hat, solange die Schere der Zeit sie nicht entscheidend dezimiert, häuft sich auf der anderen Seite die abgelebte Wirklichkeit, die zur Vergangenheit wird. Ein Sinnbild für dieses Geschehen ist die Sanduhr: Da die Möglichkeiten, wie Sandkörner, nicht nebeneinander und nicht zugleich zum Zuge kommen können, bleibt nur das Prinzip des Nacheinander, der Sukzession. Soll dieses Prinzip bewusst genutzt werden, kommt es darauf an, die Möglichkeiten in eine Reihenfolge zu bringen, um sie nacheinander durch den Engpass der Gegenwart zu schleusen. Selbst widersprüchliche Möglichkeiten können lebbar gemacht werden durch ihre Sukzession in der Zeit. Der Versuch aber, zuviele Möglichkeiten auf einmal zu realisieren, produziert das Phänomen »Stress«. Das ist der Alltag des vielbeschäftigten Subjekts: Es versteht sich nicht aufs Leben, weil es sich nicht auf den Gebrauch der Zeit versteht. Das kluge Subjekt dagegen wählt unter den Möglichkeiten wenige aus und setzt diejenigen, die in der unmittelbaren Gegenwart keinen Platz finden, »auf die Zeitschiene«, auf der sie der künftigen Realisierung, wenn die Umstände günstiger sind, von selbst entgegengleiten.

Die Lebenszeit vervielfältigt sich für den, der sie gut gebraucht: Er rettet die Möglichkeiten vor der Schere der Zeit, schleust sie nacheinander durch das Nadelöhr der Gegenwart, und verwirklicht, was er sich vorstellt, nicht zuletzt durch die *Einteilung der Zeit*, ihre Aufteilung in Abschnitte, die nicht nur die unfassbare Zeit fassbar, sondern sie in überschaubaren Proportionen auch handhabbar machen: Die aufeinander folgenden Zeitabschnitte erlauben es, einen Prozess hin zum fernsten Ziel in Gang zu setzen und sich dabei doch auf das jeweils Nächstliegende zu konzentrieren. *Hora*, die Stunde, meinte im Griechischen und Lateinischen ursprünglich nichts anderes als diese Einteilung der Zeit in Abschnitte. Was darunter im Einzelnen zu verstehen war, wurde definiert durch Tradition und Konvention, durch natürliche

Zyklen und individuelles Gutdünken. Die Kulturgeschichte der Zeit kann zeigen, auf welch verschlungenen Wegen es zu der Auffassung der »Stunde« gekommen ist, die dem modernen Menschen so vertraut ist. Die Kenntnis dieser Geschichte ermöglicht, in der herrschenden Hora der modernen Uhr, in der Chronomanie des ständigen Blicks auf die »genaue Uhrzeit« nicht die ultimative Form des Umgangs mit der Zeit zu sehen, sondern einer individuellen Zeiteinteilung Raum zu geben, die in der Lage ist, dem jeweiligen Zeitgefühl des Selbst Rechnung zu tragen. Die individuelle Einteilung der Stunden ist ein Kunstgriff der Lebenskunst, um die Zeit zu gebrauchen und nicht eines Tages, viel zu spät, zu bemerken, dass sie ungenutzt verstrichen ist. Der Schmerz über die vergehende Zeit: Das ist die Geburt der Stunde, die kleine Schritte im unabsehbaren, unermesslichen Land der Zeit zu machen erlaubt und Wegmarkierungen setzt, die anzeigen, welche Strecke das Selbst zurückgelegt hat und welche noch vor ihm liegt, um so der maßlosen Zeit das Maß zu geben. Die Einteilung der Zeit durchzieht das Leben, das alltäglich gelebte und das Leben insgesamt, mit Strukturen, die ihm eine Form geben und zugleich ermöglichen, es intensiv zu leben. Die Stunde ist die asketische Praxis, die das ekstatische Leben nicht in einem langen Bedauern über die flüchtige Zeit verenden lässt.

Die allgemein verbindliche Einteilung der Zeit, der die individuell vorgenommene sich gegenübersieht, kann nicht etwa ontologische, sondern nur organisatorische Bedeutung für sich beanspruchen: Sie synchronisiert die diversen eigenen Zeitwelten der Individuen. Dies ist in besonderem Maße dort erforderlich, wo das Organisationspotential des Raumes nicht ausreicht, um das komplexe Ineinanderwirken technischer und kommunikativer Prozesse zu strukturieren. Von diesen Bedingungen einer modernen Kultur der Zeit kann sich die Raumzeitkultur einer anderen Moderne nicht lösen, sie kann jedoch einen modifizierten Umgang mit der Zeit begünstigen. Es zeichnen sich ohnehin, wie in der Soziologie der Zeit bemerkt wird, »Umbrüche in den Zeitstrukturen« ab, die die Zeit in ihrer Formbarkeit sichtbar werden lassen. Der andersmoderne, *autonome Gebrauch der Zeit* lässt sich nicht mehr von der Dominanz der modernen, heteronomen Zeitkonzeption einschüchtern, sondern spielt mit den Erscheinungsformen der präzise gemessenen technischen Zeit ebenso wie mit der ganz anders gelagerten zyklischen Zeit der subjektiven Phasen und Befindlichkeiten. Den autonomen Gebrauch der Zeit exerziert der »zeitjonglierende Spieler«, der sich auf den reflektierten, eigenständigen Umgang mit Zeit versteht: Er löst sich von engen Zeitbindungen, um seine Zeiten eigenständig und situationsspezifisch zu gestalten. Seine Fähigkeit ist, sich in schnell wechselnden Kontexten zurechtzufinden. Dieser Zeitspieler macht einen Schritt über die Moderne hinaus, in der die Individuen nicht daran gewöhnt waren, sich ihre Zeitwelt selbst zu schaffen; fern davon, eine autonome Zeit zu kreieren, wurden sie stattdessen schon von kleinen Modifikationen der bestehenden Zeitordnung aus der objektiven Zeit herauskatapultiert, der sie sich so bedingungslos anvertrauten, dass jede noch so kleine, zyklisch wiederkehrende »Zeitumstellung« einen Riss in ihrer Realität hinterließ.

Charakteristisch für die veränderte Zeitauffassung des Subjekts der Lebenskunst in einer anderen Moderne ist es, sich nicht mehr ständig zu martern mit den Fragen des modernen, rationalen Zeitkalküls der Art: Habe ich meine Zeit optimal genutzt? Womit habe ich sinnlos Minuten und Sekunden verloren? Das Zeitkalkül der reflektierten Lebenskunst kennt diese Fragen auch im umgekehrten Sinne: Wo habe ich meine Zeit mit Genuss vergeudet? Wo habe ich sie ohne Bedauern verschleudert? Die veränderte Zeitauffassung macht es möglich, den *widersprüchlichen Gebrauch der Zeit* vorsätzlich und bewusst zu leben: Die zur Verfügung stehende Zeit einerseits gut zu nutzen, sie nicht ungenutzt verstreichen zu lassen, schon um äußeren Notwendigkeiten nachzukommen und eigene Vorstellungen zu realisieren und nicht eines Tages auf die Suche nach der verlorenen Zeit gehen zu müssen; andererseits aber Zeit mit Absicht dahingehen zu lassen und mit sinnlosen Beschäftigungen zu vertreiben, die Kunst des Müßiggangs zu pflegen und, wie in alten Kulturen des Raums, in den Tag hineinzuleben – nur um sich der Gewalt der rücksichtslos fortschreitenden Zeit zu entziehen. Ein Wechselspiel zwischen erfüllter und leerer Zeit ist so in Gang zu setzen, wobei die erfüllte in Wahrheit die leere Zeit sein kann, die vordergründig leere wiederum die erfüllte. Die Zeit bewusst zu gebrauchen meint jedenfalls nicht zwangsläufig, die zur Verfügung stehende Zeit auszufüllen, sondern kann bedeuten, Räume der Leere zu schaffen, oder sie, wenn sie sich von selbst ergeben, hinzunehmen und zu akzeptieren, um in ihnen eine neue Fülle zu finden. Die leere Zeit hat den Vorteil, dysfunktional und frei von Ziel und Zweck zu sein; so kann sie damit angefüllt werden, nichts zu tun, zu flanieren und zu diskurrieren, in den Tag hineinzuträumen, sich der Sinnlichkeit hinzugeben. Es ist die leere Zeit, in der neue Gedanken gedacht und alte Erfahrungen verarbeitet, andere Gedanken aufgenommen und neue Erfahrungen gemacht werden; es ist die Zeit des Selbst, in der es seine Kohärenz wiederherstellen und neu formieren kann.

Die leere Zeit erlaubt, auf Distanz zum Gedränge der Gegenwart zu gehen, es gleichsam von Außen zu sehen und die Dimension des Künftigen wieder in den Blick zu bekommen. Das Selbst entzieht sich in der leeren Zeit der Versuchung, zu vieles zugleich zu realisieren; es gewinnt Zeit, da es zu wählen versteht und bereit ist, auf Möglichkeiten zu verzichten, sie sogar zu verschenken: Nicht alle Angebote müssen wahrgenommen, nicht alle Möglichkeiten realisiert werden. Infolgedessen gelangt das Selbst endlich in den *Besitz von Zeit* und »hat Zeit« für sich, für Andere und Anderes. Zeit zu haben heißt, mehr zu haben als nur Zeit, nämlich aus der in der Zeit dahingelebten Form der Existenz herauszutreten und die ganze Aufmerksamkeit einer Person oder Sache zuzuwenden, die Anonymität und das Allgemeine zurückzudrängen und der Besonderheit und Komplexität der Zusammenhänge Raum zu geben, sei es in der Form des Gesprächs oder der Nachdenklichkeit. Zeit zu haben ist eine spezifische Art und Weise, mit Anderen, mit Dingen und mit sich selbst umzugehen, die von Aufmerksamkeit und Achtsamkeit, nicht von Gleichgültigkeit geprägt ist.

Mit der leeren Zeit sich anzufreunden ermöglicht, Geduld zu haben und zu warten, da die Leere kein Schreckgespenst mehr ist. Mit Geduld lässt sich ertragen, dass nicht alles hier und jetzt sogleich zu realisieren ist; der richtige Zeitpunkt, »Kairos«, kann abgewartet werden, der eine Realisierung unter günstigeren Bedingungen erlaubt, wenn sich die Dinge ganz von selbst fügen. Es muss sich nicht um ein passives Abwarten handeln, die leere Zeit kann damit angefüllt sein, die künftige günstige Konstellation zu präparieren; jedenfalls aber geht es für das Selbst darum, sich selbst offen zu halten für das, was kommt. Diese Haltung erleichtert die Heraufkunft jener *purpurnen Stunden,* um derentwillen allein es sich zu leben lohnt, und von denen Oscar Wilde in einem Brief einmal sagt, dass man sie »diesem grauen, schleichenden Ding entreißen« kann, das wir »Zeit« nennen. Alle Kunst im Umgang mit der Zeit zielt darauf, diese Augenblicke zu erzeugen und das Selbst im entscheidenden Moment frei sein zu lassen dafür, um auch in einer erneuerten Lebenskunst die antike Lebenskunstformel zu bewahren: »Pflücke den Tag, genieße den Tag«, jeden einzelnen, ohne die Möglichkeit dazu jedem einzelnen Tag abzuverlangen. Denn die individuelle Zeit ist eingebettet in eine überwölbende Zeit, deren Gewölbe sich zwischen Widersprüchen spannt: Zwischen Kontinuität und Diskontinuität, zwischen Genuss und Verdruss, zwischen Euphorie und Tristesse. Mit diesen Widersprüchen zu leben, bedarf immer neuer existenzieller Versuche.

Experimentelle Technik:
Auf den Versuch hin leben

Im Zweifelsfall kommt es für das Selbst darauf an, Versuche zu machen mit sich und seinen Möglichkeiten. Versuche sind dazu da, mit verfügbaren Möglichkeiten zu experimentieren und verschlossene Möglichkeitshorizonte zu öffnen, um nicht im Bestehenden sich einzuschließen. Das Subjekt der Lebenskunst kann geradezu eine *essayistische Existenz* führen, um das gesamte Leben und jeden einzelnen Tag neu auszutarieren, lieb gewordene Gewohnheiten zu überdenken und andere als die gewohnten Gesten zu erproben. Weit über das individuelle Leben hinaus ist vielleicht die andere Moderne überhaupt eine neue Zeit des Versuchs – und für manche sogar der Versuch, zu überkommenen Gewissheiten zurückzukehren, wieder sicheren Boden unter den Füßen zu gewinnen und auf die Ausübung jeglicher Essayistik zu verzichten.

Wer vom »Versuch« spricht, muss von Montaigne sprechen, der ihn als Stil der Schrift und als Technik der Existenz begründet hat. Unter dem *Essay*, dem Versuch, wird seither eine besondere Form der Schrift, nämlich ihre tastende Verfahrensweise, verstanden, in der zugleich eine besondere Form des Subjekts und seiner Existenz zum Ausdruck kommt: Montaignes »Essais« sind die Manifestation einer essayistischen Existenz, die als historisches Exempel einer experimentellen Technik in die reflektierte Lebenskunst übernommen werden kann, ungeachtet dessen, dass die Essayforschung sich erstaunlicherweise lange Zeit sehr viel mehr auf das literarische Genre als auf die existenzielle Praxis bezogen hat. Montaigne schreibt nicht nur Essays, er ist selbst ein Essay. Mit seinen Versuchen kommt es ihm darauf an,

Erfahrungen zu machen und Wissen aus Erfahrungen zu gewinnen. Daher kann er den Begriff des Essays synonym zu dem der Erfahrung gebrauchen und ein ums andere Mal sagen, er finde seinen Weg, sein Wissen »durch Erfahrung/ Erprobung« (*par expérience*). In diesem Begriff der Erfahrung klingt die lateinische *experientia* noch mit, die über die Wahrnehmung des Gegebenen hinaus das Experiment, die Erprobung und Prüfung, ja selbst die Übung, Bemühung und Anstrengung, die mit dem Experiment verbunden sind, meint. Die Essays sind Versuche der Urteilskraft auf dem Weg zur Klugheit, und sie bedienen sich der Erfahrung, die durch Experimente vervielfacht werden kann.

Dass das Selbst Experimente mit sich selbst im Medium der Schrift durchführen kann, ist von Montaigne zu lernen: Er experimentiert mit sich selbst, indem er *Versuche mit der Schrift* unternimmt. Um die Form seiner selbst zu finden, erprobt er sich in der Schrift, und jede Linie, die er zieht, ist ein Pinselstrich an dem entstehenden Werk, zu dem er selbst wird. Unentwegt spricht er dabei von seiner »Zeichnung«, um den Entwurf seiner selbst, seine Selbstskizzierung, sich selbst als Werk, an dem er arbeitet, zu bezeichnen. Zwar gesteht er ein, auch von Anderen gezeichnet zu werden, zudem von seiner Herkunft gezeichnet zu sein, als entscheidend erscheint ihm jedoch, die Arbeit der Zeichnung selbst in die Hand zu nehmen, sich selbst zu entwerfen im vollen Bewusstsein, dass, da auch Andere und kontingente Umstände an der Zeichnung mitarbeiten, durchaus etwas Unbeabsichtigtes daraus werden kann. Wer freilich diesen Schritt, selbst einige Linien aufs Papier zu bringen und ins Leben einzuzeichnen, nicht wagt, wird den Reichtum seiner Möglichkeiten nie kennen lernen, er wird nie sich selbst erkunden und erproben, und vielleicht wird er nicht einmal wissen, ob er wirklich existiert. Die Erfahrung der Schrift ist dabei keineswegs auf die Arbeit am Schreibtisch begrenzt; die *Sentenzen*, die Montaigne selbst formuliert oder die er von anderen Autoren aufnimmt, erprobt er vielmehr, indem er sie durch das alltägliche Leben trägt und über Stock und Stein mit ihnen reitet, um in Erfahrung zu bringen, ob sie sich dabei bewähren. Gewiss müssen sie auch durch die Trunkenheit hindurch, müssen damit fertig werden, dass die Konturen verschwimmen und die festen Anhaltspunkte sich auflösen. Und sie werden dem prüfenden Blick Anderer ausgesetzt, dem sie standhalten müssen, ohne nervös zu werden. Dann erst lohnt es sich, sie festzuhalten, nicht nur in der Schrift, sondern fürs Leben: Als Sentenzen, die nicht mehr nur wahr sind im Rahmen eines Diskurses, sondern *lebenswahr*. Indem er solche Sentenzen in seinem Buch zusammenträgt, erstellt Montaigne schließlich ein »Register« der Versuche seines Lebens: Eine unerschöpfliche Fundgrube in allen Lebensfragen.

Dabei bleibt er selten bei der Thematik, die er sich vorgenommen hat; die Versuche treiben ihn immer wieder anderswohin, kreuz und quer über das Feld der Möglichkeiten, ganz so, wie es dem Vollzug der Existenz entspricht, der die stringente Durchführung eines Plans nicht gestattet. Fern davon, diesen Zustand nur zu erleiden, forciert er ihn: »Ich schweife ab, doch mehr aus Mutwillen als aus Unachtsamkeit. Meine Phantasien hängen zusammen, aber manchmal sehr lose«. Es handelt sich bei dieser essayistischen Verfahrensweise um den *Versuch, auf andere Gedanken zu kommen*, anders denken zu lernen, als man schon gedacht hat, vielleicht auch anders zu leben, als man bisher gelebt hat, glückliche Seitensprünge des Denkens und der Existenz. Die geschriebenen wie die gelebten Essays haben dabei den Vorteil, dass ohne große Vorbereitung mitten im Leben mit ihnen begonnen werden kann. Man muss nicht »von vorne«

anfangen, nicht erst eine umständliche Grundlegung betreiben, man kann sich vielmehr auf bereits gemachte Erfahrungen stützen, sie reflektieren und neue machen. Der Stil der Schrift wie auch der Existenz ergibt sich aus der praktischen Erfahrung des Vollzugs und erschöpft sich nicht in der Linearität und Langeweile eines Plans: »Ich gehe auf Abwechslung aus, hemmungslos und aufs Geratewohl. Mein Stil geht ebenso vagabundierend umher wie mein Esprit.« Es kommt darauf an, *Umwege zu machen*, um Raum für Versuche zu gewinnen, während der unachtsame Leser glaubt, etwas werde am besten auf direktem Wege abgehandelt. Mag sein, dass Montaigne seine Thematik zuweilen aus den Augen verliert, aber Versuche beinhalten nun mal das Risiko fehlzugehen, und dieses Fehlgehen ist reicher an Erfahrung als der gerade Weg zum Ziel.

Die ganze Vielfalt und Widersprüchlichkeit des Selbst entfaltet sich auf diese Weise und bewahrt nur noch widerspenstig eine Kohärenz in der offenkundigen Zusammenhanglosigkeit. Es ist ein *phantasievolles Selbst*, das zum Modell für eine reflektierte Lebenskunst werden kann. Die Phantasie, die den gesamten Raum des Möglichen durchmisst, hat bei Montaigne einen so festen Ort, dass er ihren Begriff gleichsetzt mit dem Begriff des Denkens. Der Phantasie freie Bahn zu geben, strukturiert die Versuche vor, öffnet ihnen Tür und Tor und setzt die schöpferische Kraft frei, die den Möglichkeitshorizont der Lebenskunst erschließt: Sie öffnet, was verschlossen ist, und lässt aufblühen, was Wüste ist; phantastisch ist der Garten der Lüste und die Fülle des leeren Raums. Die Vorstellungskraft der Phantasie stellt die Beziehung zum Anderen her, zum Anderen als Idee, zum Anderen als Möglichkeit, zum Anderen als Person, auch zum Anderen im Selbst selbst; sie ist verschwistert mit dem Versuch des Andersdenkens und Anderslebens und macht jede Bestimmtheit zunichte, jede Fixierung einer Realität löst sie wieder auf. Über den Tag hinaus vermittelt sie die Ahnung eines fernen Morgens. Aber der Phantasie bedarf das Selbst auch, um die gegenwärtige Wirklichkeit zu erfassen: Sie allein orientiert über die Zusammenhänge, die in ihrer eigentümlichen Realität nur mit sehr viel Phantasie zu erkennen sind. Einziges Problem: Die Phantasie ist auch in der Lage, »leere Bilder« vorzugaukeln und das Selbst vom erfüllten Leben abzuhalten, da ihm schon das Leben in diesen Bildern als Erfüllung selbst erscheint.

Der Versuch kann jedoch auch der Realisierung eines Traums gelten. Dem Traum Bedeutung zuzugestehen heißt, das Subjekt offen zu halten für die *träumerische Existenz*. In Montaigne ist der Traum von einer solchen Macht, dass er sich dazu anhalten muss, gemäß einer gewissen Ordnung zu träumen, um der Gefahr zu entgehen, sich im Traum gänzlich zu verlieren. Er bedarf nicht erst eines Surrealismus, um ein Denken zu realisieren, das zugleich ein Träumen ist. Was er an der Philosophie schätzt, ist, dass sie so viele Gesichter hat und eine solche Vielfalt in sich birgt, »dass alle unsere Träume und Träumereien sich darin finden«. Er überlässt sich gerne diesen Träumereien – sie sind, mehr noch als der Traum, der eine eigene Welt entwirft, das Gehenlassen der Gedanken. Träume und Träumereien präparieren das Vorfeld und Umfeld der Versuche im Denken und in der Existenz, und Montaigne geht sogar so weit zu sagen, dass unsere Träume mehr wert seien als unsere Diskurse. Er bedarf nicht erst einer Hermeneutik, die mithilfe von Interpretation und Deutung die Wahrheit des Selbst in seinen Träumen ans Licht bringen würde. Der Sinn der Träume besteht allein darin, einen anderen Modus der Existenz erfahrbar zu machen, nämlich den Modus ihrer Transzendenz – nichts Übernatürliches, sondern die Überschreitung der gewöhnlich gelebten Existenz, die das Selbst öffnet für die Erfahrung des Anderen.

Eine Vielzahl von Aspekten prägt somit den täuschend einfachen Begriff des Versuchs schon bei Montaigne. Was ihn überhaupt antreibt, Versuche zu machen, ist die Neugierde: Sie verlangt ihm den Mut ab, ins Ungewisse zu gehen, nicht von vornherein schon zu wissen, was zu tun sei, nicht völlig vorauszusehen, wohin er gelangen wird. Der andere Denker des Versuchs, auf den sich eine reflektierte Lebenskunst beziehen kann, ist Nietzsche, der es als Privileg auffasst, »*auf den Versuch* hin leben und sich dem Abenteuer anbieten zu dürfen«. Das charakterisiert, in Abhebung zum gebundenen Geist, die Gestalt des *freien Geistes* in seinem Werk: Statt blind in Überlieferungen und Gewohnheiten eingebunden zu bleiben, ist der freie Geist derjenige, der bewusst wählt; um reich an Erfahrungen zu werden, durchlebt er »Versuchs-Jahre«, in deren Verlauf es keine Gewissheiten mehr gibt, keine Fixpunkte, nur ein Umherirren, das aus zahllosen Versuchen und Versuchungen besteht. Als einer, der mit seinem Leben experimentiert, ist der freie Geist unentwegt unterwegs – kein Reisender (denn dieser kennt ein Ziel, dem er sich nähert), sondern ein Wanderer, der sich an ständige Perspektivenwechsel gewöhnt und sich zur Offenheit gegenüber Anderen und allem, was anders ist, erzieht. Auf dem Weg der Selbstbestimmung und »Selbst-Wertsetzung« wird er zum *reifen* freien Geist. Die Widersprüche der Existenz erfährt er an sich selbst und harmonisiert sie nicht. In ihm selbst ist etwas Wanderndes, er bleibt sich selbst nicht gleich, sondern wandelt sich; in seine Kohärenz gliedert er den Reichtum der Erfahrungen und der Zufälle ein, die ihn prägen.

Grundsätzlich gibt es zwei verschiedene Methoden, auf den Versuch hin zu leben: Die erste besteht darin, *vorsätzliche Versuche* zu unternehmen, deren Initiator das Subjekt selbst ist. Die zweite aber bedeutet, *sich versuchen zu lassen*, also sich offen zu halten für das, was ungerufen kommt und einem Versuch gleichkommt; mit anderen Worten: Dem Zufall zu folgen und ihn als Anstoß zu einem Versuch gewähren zu lassen, sich in Versuchung führen zu lassen. Montaigne und Nietzsche sind die beiden Denker, die nicht nur zur duldenden Hinnahme, sondern zur offensiven Aufnahme der Zufälligkeit bereit sind, die, wie die individuelle ebenso wie die historische Erfahrung zeigt, offenkundig einen beträchtlichen Teil der Wirklichkeit ausmacht. Andere Philosophen haben quer durch die Geschichte des Abendlandes einen hartnäckigen Kampf gegen die Kategorie der Zufälligkeit, die »Kontingenz« geführt, die sich unbotmäßig der planenden Vernunft entzieht. Montaigne und Nietzsche hingegen üben sich in der *Akzeptanz der Kontingenz* und machen dies zum Bestandteil der essayistischen, experimentellen Existenz: Lebenskunst als Lebenkönnen mit der Kontingenz. »Da ich die Zufälle nicht lenken kann, lenke ich mich selbst und richte mich nach ihnen, wenn sie sich nicht nach mir richten.« (Montaigne)

Der Zufall ist unberechenbar, daher kann er zum Ärgernis einer Welt werden, die auf Berechenbarkeit angelegt ist, zur Beunruhigung eines Denkens, das auf Systembildung aus ist. Dem Zufall entkommen zu wollen, lohnt nicht die Mühe; sich dagegen aufzulehnen und von Zorn erfüllt dagegen anzurennen, trägt alle Zeichen von Vergeblichkeit an sich. Der Zufall mag per definitionem das sein, was ohne weiteres auch anders hätte sein können, er mag das Gegenteil von Notwendigkeit sein – wenn er jedoch eingetroffen ist, stößt das Selbst sich fortan den Kopf wund an der Mauer des Faktischen, die er im Nu errichtet hat. So blitzartig, wie er eine bestehende Wirklichkeit durchkreuzt, konstituiert er eine andere, der das Selbst sich zu fügen hat. Er selbst ist unverfügbar und entzieht sich jedem Zugriff. Wer ihn ausschalten will, wird mit Gewissheit von ihm eingeholt. Für die Lebenskunst kommt es daher darauf an, *mit ihm zu rechnen* und sogar zu versuchen, auf ihm zu reiten, ihn sich also zunutze zu machen, zuweilen ihn herbeizulocken, ihn selbst *möglich zu machen,* denn es kann sehr wohl sein, dass ein bestimmtes Handeln oder Nichthandeln die Struktur präpariert, die den Zufall begünstigt oder nicht. Die Wahl, die angesichts des Zufalls in jedem Fall besteht, ist die der Haltung, die das Selbst dazu einnimmt: Das Selbst kann sich ihm öffnen und im entscheidenden Moment so sehr mit ihm verschmelzen, dass es geradezu als Inkarnation der Kontingenz erscheint. Auch wenn der Zufall hingenommen werden muss, verfügt das Selbst über Möglichkeiten, ihm Bedeutung zu geben und Gebrauch von ihm zu machen. Der Zufall schafft ein Datum, auf das man sich beziehen kann, er schafft ein Faktum, mit dem man arbeiten kann, statt auf der eigenen Planung zu beharren. Nicht selten erschließt der Zufall verborgene Möglichkeiten, die ohne ihn nicht entdeckt worden wären und die ein Vorhaben besser voranbringen als die Planung, die mit dem Zufall nicht rechnen wollte.

Zwar kann eine Strategie der Lebenskunst darauf gerichtet sein, unangenehme Zufälle weniger wahrscheinlich zu machen, zumindest sie ihrer Möglichkeit nach im Voraus zu bedenken und mögliche Antworten vorzubereiten. Eine offensivere Vorgehensweise jedoch setzt von vornherein auf das, was »sich ergibt«, das nämlich, wovon das Selbst nicht weiß, was es sein wird und wovon es noch nicht einmal eine Vorstellung hat – nur um den Zufall nicht zu verdächtigen, sondern sich ihm zu öffnen und auf ihn zu vertrauen, ihn auf ähnliche Weise, wie dies in der Kunst geschieht, zum Stoff der Lebenskunst zu machen: »Kunst liebt den Zufall, dieser wiederum die Kunst«, heißt es in einer antiken Sentenz, und in der modernen Kunst wird der Gebrauch des Zufalls zuweilen sogar zum Prinzip erhoben; ebenso kann er wohl auch in der Kunst des Lebens seinen Platz finden. Die Kohärenz des Subjekts der Lebenskunst schließt Kontingenz nicht aus, sondern bezieht sie mit ein und nutzt sie als Element der immanenten Erneuerung des Lebens und des Selbst. Schwierig wird es nur, wenn die Kontingenz als zufällige Aufwallung eines Affekts, der das Subjekt zu überwältigen droht, in Erscheinung tritt.

Technik des Umgangs mit Affekten:
Kunst des Zorns

Dass es Zorn im Menschen gibt, beunruhigt die unterschiedlichsten Kulturen seit jeher, und sie versuchen Antworten darauf zu finden. Eine dieser Antworten ist beispielsweise die Kunstform der antiken Tragödie, die die verheerendsten Ausbrüche des Zorns in Szene setzt, um zum maßvollen Umgang mit dem Affekt anzuleiten und aus dem Zorn ein Werk zu machen, also ihn in Formen einzubinden, die weniger ruinös sind. Eine Kunst des Umgangs mit dem Zorn lässt sich jedoch vor allem aus der Geschichte der Philosophie der Lebenskunst erschließen, in der die Frage des Verhaltens im Moment des Zorns ein kurrentes Thema war. In dieser Geschichte wird der Zorn keineswegs nur als Problem gesehen, in hohem Maße wird er vielmehr *affirmiert* bei Aristoteles, in dessen Augen derjenige, der zum Zorn fähig ist, grundsätzlich Respekt verdient, da der Eifer seiner Seele ihn zu großen Anstrengungen antreibt; unverzichtbar ist gleichwohl das kluge Kalkül, »wie, wem, worüber und wie lange man zürnen soll«. Dieser Umgang mit dem Zorn ist Bestandteil der aristotelischen Ethik des Maßes, wobei dieses Maß nicht normativ feststeht, sondern vom Urteil des Individuums und der Besonderheit der Situation abhängig ist.

Die Gegenposition hinsichtlich des Umgangs mit dem Zorn vertritt Seneca, der die aristotelische Affirmation ausdrücklich abweist, den Zorn – zuweilen unerbittlich zornig – verflucht und den Affekt nahezu *eliminiert*: »Niemand soll den Wahn in sich aufkommen lassen, als ob der Zorn wirklich zu irgendwelcher Zeit, an irgendwelchem Ort Nutzen stiften würde. Daher gilt es, seine zügellose und unbändige Raserei darzulegen.« Unübertrefflich sind die lebhaften

Schilderungen des Phänomens bei Seneca, und in erster Linie denkt er darüber nach, wie sich dieser Affekt »augenblicklich unterdrücken« lässt und wie ihm erbitterter Widerstand geleistet werden kann; die Ratio allein soll den Sieg davontragen, zumal sich der Zorn verheerend auf die politische Gemeinschaft auswirkt. Aber Seneca sind auch einige Kunstgriffe im Umgang mit dem Zorn zu verdanken, auf die noch zurückzukommen sein wird.

Dem Versuch der Eliminierung bei Seneca steht wiederum Plutarch gegenüber, dem jedes Eifern fremd ist und dem es daher auch nicht in den Sinn käme, zornig gegen den Zorn vorzugehen. Plutarch führt keinen Kreuzzug, sondern lässt sich von der klugen Überlegung leiten, problematische Situationen zu meiden, im übrigen aber sich beizeiten einige Hilfsmittel bereitzulegen, eine Haltung einzuüben und Gewohnheiten für den Umgang mit dem Zorn zu schaffen, da im Augenblick der Aufwallung selbst nicht mehr viel auszurichten ist. Es erscheint ihm nützlich, sich ein »Porträt dieses Affekts« vor Augen zu halten, ein Bild, das die Hässlichkeit und Kleinlichkeit des Zorns zeigt, und das die Schwäche des Selbst, die seiner Souveränität Hohn spricht, zur Darstellung bringt. Ein schwaches Selbst ist es, das eine Kränkung vorschnell auf sich selbst bezieht und darüber zornig wird, oder die Kränkung, die es selbst einem Anderen zugefügt hat, nicht wieder aus der Welt schaffen kann. Plutarch geht es nicht darum, den Zorn zu eliminieren, sondern ihm erst gar keinen Raum zu geben, und sollte er dennoch nicht zu vermeiden sein, dann »darf es nicht zu einem Übermaß kommen«. Er empfiehlt »mehr Fassung im Zorn« und, um sie zu erlangen, *tägliche Übung* hierfür, indem man etwa – origineller Vorschlag – ähnlich wie bei alkoholfreien Tagen ein paar »zornfreie Tage« einlegt und diese Zeitspanne allmählich ausdehnt.

Für eine maßvolle, kluge Kunst des Umgangs mit dem Zorn steht schließlich Montaigne, der mit ihm leibhaftige Versuche anstellt, von denen er berichtet. Um der »guten Ordnung« seines Hauswesens willen spielt er manchmal den Erzürnten und schließt mit den Betroffenen einen stummen Kontrakt auf der Basis von Wechselseitigkeit: »Wenn ihr mich in Wallung geraten seht, so lasst mich nur kreuz und quer dreinfahren; ich will es meinerseits mit euch ebenso halten.« Was ihn selbst angeht, besteht Montaignes Rezept darin, zwar kräftig, aber nur »kurz und heimlich« in Rage zu geraten; auch Anderen, vor allem jenen, die in seinem Haus »zu Zornesausbrüchen befugt« sind, gibt er den Rat eines *klugen Kalküls* im Umgang mit dem Zorn, um ihn »nicht bei jeder Gelegenheit auszugießen; denn das schmälert seine Wirkung und sein Gewicht«. Im Übrigen ist es für ihn eine Frage der Gesundheit, der »jähen Hitze« ihren Lauf zu lassen und sie dadurch sogleich wieder zu vermindern: So befördert der Zorn letztlich die Gelassenheit.

Dass man jedoch im Zorn nicht so handelt, wie man es sich überlegt hat, dass er also der wandelnde Widerspruch zur Klugheit ist, das ist das Problem des Zorns in den Augen Kants: Der Zorn ist wie jeder Affekt »für sich allein betrachtet jederzeit unklug«. Kant unterscheidet zwischen Affekten und Leidenschaften: Das Eigentümliche an Affekten ist, dass sie augenblicklich aufwallen und das Subjekt für einen Moment gänzlich aus der Fassung bringen, während Leidenschaften andauern und zum Bestandteil der Haltung des Subjekts werden können. Zu den Affekten zählt, neben Freude, Traurigkeit, Hoffnung, Scham, plötzlichem Erschrecken und Entsetzen, Angst und Bangigkeit, Verwunderung und Erstaunen, Lachen und Weinen, eben auch der Zorn. Der Zorn aber, der andauert, wird zur Leidenschaft, und das heißt: zum Hass. Daher privilegiert Kant eine pragmatische, kluge »Regierung des Gemüts« in Bezug auf die Affekte, nicht etwa um die Affekte auf stoische Weise auszuschalten, ihnen jedoch auch nicht freien Lauf zu lassen, vielmehr den reflektierten Umgang mit ihnen zum Prinzip der pragmatischen Lebensführung zu machen.

Zur Kunst des Zorns, die vor diesem historischen Hintergrund für eine reflektierte Lebenskunst bereitgestellt werden kann, gehört grundsätzlich das *Kalkül* im Umgang mit dem Affekt: Sich nicht beliebig zum Zorn verleiten zu lassen, sondern selbst darüber zu befinden, ob ihm nachzugeben sei oder nicht, und, wenn ja, wann, wie lange, in welchem Maße etc., um in der Woge der Wut einen Augenblick der Reflexion zu bewahren und sich aus der Situation retten zu können, wenn es geboten erscheint. Das Kalkül bewegt sich in der Spannweite zwischen den beiden möglichen Extremen des Verhaltens angesichts des Zorns: Seiner unkalkulierten *Freisetzung*, die dem Affekt freien Lauf lässt, wann immer er danach verlangt, sowie seiner völligen *Beherrschung*, die den Affekt dominiert, ihn unterdrückt und schließlich eliminiert. Im Raum zwischen diesen Extremen zielt die Kunst des Zorns auf die Erarbeitung von Verhaltensweisen, die dem Affekt Spielraum lassen, statt ihn zu unterdrücken, ohne ihn jedoch zum beliebigen und in seiner Beliebigkeit ruinösen Ausbruch kommen zu lassen. Das Kalkül ist Ausdruck der Selbstmächtigkeit des Subjekts, die weder eine Selbstherrschaft noch auch ein bloßes Sichgehenlassen meint. Andere Affekte und Leidenschaften erscheinen besser geeignet, sich ihnen gelegentlich bedenkenlos anheim zu geben, nicht so sehr der Zorn: Ihm eignet die Macht, Menschen und ihre Beziehungen zu zerfetzen, nur um hinterher zu sagen, »es tut mir leid«.

Zur Ausarbeitung einer Kunst des Zorns kann die theoretische Reflexion nur die Vorbereitung sein, der die Einübung im praktischen Umgang mit ihm folgen muss, bei der das Irregehen wohl die Regel ist. Der Führung und Regierung des Zorns stehen einige Kunstgriffe zur Verfügung, bei denen das Machtspiel mit ihm erhalten bleibt. Der Kunstgriff, der zuallererst Anwendung finden kann, da das Feld seiner Ausübung allem Anlass zum Zorn noch vorausliegt, ist derjenige der *Prämeditation*, die Übung des Vorwegbedenkens, die in dreifacher Hinsicht wirksam werden kann: Sie kann frühzeitig die *Gewöhnung* an eine mögliche Situation, also eine Gefasstheit auf sie bewirken; sie kann, wenn schon an der zu erwartenden Situation nichts zu ändern ist, die *Haltung* des Selbst dazu variieren, also die Art und Weise, in der es zu ihr steht und Gebrauch von ihr macht; und schließlich kann das Vorwegbedenken eine Hermeneutik im Voraus sein, um die *Bedeutung* dessen, was zu erwarten ist, zu interpretieren und womöglich zu fixieren, indem das Selbst dem kommenden Ereignis etwa große Bedeutung zumisst oder aber seine Bedeutung gegen Null tendieren lässt, und entsprechend sich affizieren lässt oder nicht. Die Bedeutung erst im Augenblick der Attacke des Affekts zu taxieren, kann für eine überlegte Reaktion zu spät sein und lässt keine Wahl mehr, wohingegen sie im Vorhinein mit Ruhe und Klugheit abgeschätzt werden kann.

In Anlehnung an stoische Techniken reguliert das Selbst damit vorweg seine Schwelle zum Zorn und legt seine *Disposition* strategisch und im Allgemeinen oder taktisch nur für den jeweiligen Einzelfall fest, um sich etwa von einer zu erwartenden Kränkung nicht provozieren zu lassen und Anlässen zum Zorn aus dem Weg zu gehen, oder umgekehrt Anlässe zu suchen, wenn es sinnvoll erscheint, in Zorn zu geraten. Das ist bereits Bestandteil des Kunstgriffs der *Division*: Den Zorn zu zerteilen, ihn aufzuteilen auf verschiedene Stadien. Die Unterscheidung verschiedener Stadien zwischen dem Vorstadium, sodann den ersten Anzeichen, dem Stadium der plötzlichen Aufwallung und dem finalen Stadium der völligen Besessenheit erlaubt den kalkulierten Eingriff in die Entwicklung des Zorns und ermöglicht seinen bewussten Gebrauch. Der klassische Kunstgriff im Umgang mit dem Zorn ist darüber hinaus die *Dilation*, der Aufschub, immer wieder von den verschiedensten Autoren als wirksamstes Gegenmittel gepriesen, weil dies den Affekt gleichsam an seiner Achillesferse trifft: Er hat nämlich keine Ausdauer, »die Zeit setzt dem Zorn ein Ende«, sodass das wirksamste Mittel gegen ihn »der Aufschub« ist. »Was der Affekt des Zorns nicht in der Geschwindigkeit tut, das tut er gar nicht; und er vergisst leicht« (Kant). Es ist der Kunstgriff des »Später«, um den Affekt vielleicht in der Zeit zu zerstreuen. Dem steht der Kunstgriff der *Dispersion* zur Seite, im Sinne einer Zerstreuung im Raum, bei der sich die Intensität des Zorns durch schnelle Ortsveränderung, körperliche Bewegung, heftiges Hin- und Hergehen verliert.

Davon ist der Kunstgriff der kalkulierten *Entladung* zu unterscheiden: Dem Zorn also durchaus Lauf zu lassen, um sich davon zu entlasten; einen Ausbruch des Zorns zuzulassen, um das, was sich vage, aber spürbar und drückend angestaut hat, in einem kathartischen, reinigenden Vorgang loszuwerden. Das Kalkül kann dabei in der zeitlichen Begrenzung bestehen, mit der von vornherein operiert wird. Dies kann in den Kunstgriff der *Umlenkung* übergehen, bei dem gezielt ein Objekt ausgewählt wird, an dem der Zorn ausgelassen werden kann – ein Versuch, die Richtung des Zorns umzuorientieren auf einen Gegenstand, an dem er weniger Schaden anrichten kann als an demjenigen, auf den er blind fixiert ist. Und eine weitere Verfahrensweise lässt die Entladung verpuffen: Das ist der Fall bei der *Ablenkung,* bei der der Affekt sich schließlich selbst vergisst, zumindest sich besänftigen lässt, da er mit einem Objekt (insbesondere einem Objekt, das Faszination ausstrahlt) oder einer Geste (beispielsweise dem Lächeln eines Menschen) sich konfrontiert sieht, durch die das Zürnen gegenstandslos wird.

Beim Kunstgriff der *Kompensation* ist es das Subjekt des Zorns selbst, das den problematischen Affekt durch einen anderen, etwa ein Lachen, ersetzt, oder die Energie des Zorns aufzuwiegen sucht durch eine Arbeit, die den Affekt neutralisiert. Weniger harmlos ist demgegenüber die Wirkung, die der Kunstgriff der Aufbewahrung, der *Konservierung,* nach sich ziehen kann, bei dem es darauf ankommt, sich den Zorn für einen späteren Zeitpunkt, der für die Entladung günstiger erscheint, zu erhalten: Der Affekt könnte sich dabei in nichts auflösen, wenn es wahr ist, dass er keine Dauer hat; zum anderen aber könnte er sich, wenn er nicht verschwindet, zu einer Haltung des Hasses auswachsen und zum Ressentiment erstarren. Risikoloser ist da der Kunstgriff der *Sublimierung,* mit dessen Hilfe der Antriebskraft des Zorns die produktive Energie für ein Werk abgewonnen wird, das von seiner zornigen Herkunft kein Zeugnis mehr ablegt, sondern an die Erhabenheit über derlei niedrige Beweggründe glauben macht.

All diese Kunstgriffe im Umgang mit dem Zorn setzen voraus, dass es dem Subjekt gelingt, ein Außen zur Unmittelbarkeit seiner Aufwallung zu gewinnen: Grundlegend ist also der Kunstgriff der *Außenperspektive,* um die Kette der zwanghaften Abläufe zu unterbrechen und das Gesetz des Handelns wieder an sich zu nehmen. Auch wenn das Kalkül im Laufe des Zornausbruchs verloren geht, ist es auf diese Weise wieder zurückzuerobern. Die Position des Außen erlaubt, mit Distanz auf das zu blicken, was geschieht, und somit als Gegenmacht gegen das blitzartige Aufflackern des Zorns die Macht der Geistesgegenwart ins Spiel zu bringen. Ein Reflexionsmoment instituiert auch der Kunstgriff der *kausalen Kritik*, der schon beim Aufkommen des Zorns anzusetzen ist und mit der Dilation Hand in Hand geht; vor allem Seneca hat diese Verfahrensweise bevorzugt, die den aufkommenden Zorn mit einem genaueren Befragen seiner Gründe konfrontiert und ihn dazu veranlasst, sich zu rechtfertigen: Ist vielleicht das, wogegen er sich richtet, nur in der Einbildungskraft des Selbst vorhanden? Denn auch eine bloße Phantasie kann uns in Rage bringen, ebenso eine einseitige Darstellung von Zusammenhängen oder ein verkürzt kolportiertes Wort. Ist vielleicht eine Verleumdung oder Intrige der Auslöser? Ist der Anlass es wirklich wert, in Zorn zu geraten, ist er nicht zu nichtig? Gestehen wir unserem Gegenüber überhaupt zu, unser Erzürnen auslösen zu dürfen? Ist es sinnvoll, zornig zu sein über etwas, das unerwartet »dazwischenkam«, mag es auch ärgerlich sein und wohl überlegte Pläne zunichte machen? Ist es nicht möglich, etwas daraus zu machen, zumindest aber es hinzunehmen, statt Perfektion zu erwarten? Ist nicht die Neigung in uns allzu mächtig, nur eine persönliche Kränkung in allem zu vermuten, das uns begegnet? Ist unsere Überzeugung, die wir verletzt sehen, nicht selbst sehr fragwürdig? Möglicherweise ließ nur eine physische oder psychische Ermüdung die Schwelle zum Zorn gegen Null sinken … Die Abkühlung des Affekts wird durch seine kausale Kritik in Gang gesetzt.

Der Affekt kann jedoch auch als Mittel gebraucht werden, um bestimmte Zwecke zu erfüllen, insbesondere was das Verhältnis zu Anderen betrifft: Keineswegs ist der Zorn nur für die *Zerstörung* von Beziehungen verantwortlich – auch die *Herstellung* von Beziehungen verdankt sich zuweilen ihm. Denn der Affekt signalisiert, dass das zugehörige Subjekt zumindest nicht von Gleichgültigkeit regiert wird und dass es zur Freimütigkeit fähig ist – Eigenschaften, auf die eine

Beziehung sich gründen lässt. Im entgegengesetzten Fall dient der Zorn als Mittel zur *Distanzierung*, um den Anderen auf Abstand zu halten. Hin und wieder bedarf es eines kalkulierten Zorns, um das Verhältnis von Nähe und Distanz dort zu regulieren, wo dies angebracht erscheint; der Betroffene wird sich fortan hüten, den Bannkreis des Unwägbaren zu überschreiten und dem Selbst zu nahe zu kommen. Umgekehrt taugt der Zorn zweifellos auch als Mittel zur *Erneuerung* einer bestehenden Beziehung, denn er ist in der Lage, festgefahrene Strukturen von Grund auf zu erschüttern und sie neu zu definieren, freilich um den Preis der Gefahr, sie dabei gänzlich zu destruieren.

Die verschiedensten Kunstgriffe für den Umgang mit dem Affekt sind nicht nur anwendbar, wenn der Zorn im Subjekt selbst aufwallt, sondern auch, wenn es durch den Zorn eines Anderen in die Rolle der Passivität gerät: Es kann die eigene Disposition festlegen, den Zorn zerteilen, ihn aufschieben oder zerstreuen. Es gibt die Möglichkeit, den Zornausbruch des Anderen aufzunehmen und ihm nicht aus dem Weg zu gehen, um eine Entladung herbeizuführen und in »gereinigter Luft« umso besser den Zugang zum Anderen zu finden; oder aber den Zorn umzulenken und abzulenken, nach Kompensation zu suchen, eine Konservierung vorzunehmen, eine Sublimierung anzuregen. Die Außenperspektive bewahrt davor, sich involvieren zu lassen; die kausale Kritik stellt den Zorn des Anderen in Frage: Darin manifestiert sich die Selbstmächtigkeit, die sich vom Affekt eines Anderen nicht beirren lässt. Auch von der Seite der Passivität aus bietet sich die Möglichkeit, den Affekt dazu zu gebrauchen, eine Beziehung zum Anderen aufzulösen oder herzustellen, sie zu regulieren oder neu zu definieren; eine dieser Möglichkeiten ist die *Dialogisierung*: Den aufkommenden Affekt überzuführen ins Gespräch, nicht um ihn auszuhebeln, sondern um seinen Impuls produktiv für eine Beziehung einzusetzen. Es ist eine Frage der klugen Wahl, welche der Möglichkeiten jeweils genutzt wird; zur Vorbereitung darauf ist es jedoch erforderlich, einige der Kunstgriffe einzuüben und Erfahrungen mit ihrer Handhabung zu sammeln.

Ein Fehler wäre, den Zorn zu unterschätzen, ein anderer, ihn zu verachten. Der Zorn ist der Stachel, der das Selbst daran hindert, nur »gut« zu sein. Unverzichtbar ist er jedoch, um gegen das *Intolerable* in Bewegung zu kommen, das hinzunehmen ein Zeichen von Selbstmissachtung wäre; dabei geht es keineswegs nur um das, was das Selbst unmittelbar selbst betrifft, sondern auch um das, was Anderen widerfährt. Außer den Ideen und den Lüsten ist es der Zorn, auch der Zorn gegen sich selbst, der die Individuen aus sich heraus- und über sich hinaustreibt. Um gelebt zu werden, bedarf er der Formen, in denen er Ausdruck findet; ansonsten neigt er dazu, bis zum Äußersten zu gehen und die letzten Konsequenzen aus nichtigen Anlässen zu ziehen. Manche Kulturen stellen Formen wie etwa eine reichhaltige Mimik und Gestik für den Ausdruck des Zorns aus dem Fundus ihrer Traditionen zur Verfügung. Das Subjekt der Lebenskunst sieht seine Aufgabe darin, Formen des Ausdrucks selbst auszuwählen und auszuarbeiten, sowie Formen des Umgangs mit dem Zorn einzuüben, in die er eingebunden werden kann. Soweit der Zorn aber an Widersprüchen sich entzündet, gibt es noch andere Möglichkeiten, ihm die Spitze zu nehmen.

Technik des Umgangs mit Widersprüchen:
Kunst der Ironie

Der Kunst des Lebens mit Widersprüchen sind die verschiedenen Formen der Ironie förderlich. Mag es sich um Widersprüche zwischen Interessen handeln, die nicht miteinander vereinbar sind, oder um Widersprüche zwischen Positionen, die nicht konvergieren wollen und dennoch koexistieren müssen; Widersprüche zwischen anspruchsvollen Ideen und nackter Realität, zwischen weit reichenden Plänen und widrigen Verhältnissen, zwischen dem Selbst und Anderen, Selbst und Welt: In jedem Fall ermöglicht die Ironie, aus Situationen, in denen die Widersprüche zornig aufeinander losgehen, herauszuspringen, partout nicht in der Enge zu bleiben, die zwischen unversöhnlichen Widersprüchen herrscht, sondern eine veränderte Situation zu schaffen, in der die Widersprüche zwar bestehen bleiben, das Subjekt jedoch nicht mehr von ihnen bedroht wird. Die Widersprüche werden nicht geleugnet und nicht aufgehoben, ihr Streit aber stößt in eine Leere, in der das ironische Lächeln und das Gelächter sich ausbreiten können.

So ist die Ironie eine *Kunst der Distanz*: Distanz zu den inneren Widersprüchen des Subjekts selbst, um sich von ihnen nicht zerreißen zu lassen, und Distanz zu den äußeren Widersprüchen, um aus der Distanz die widerstreitenden Elemente miteinander zu vermitteln, aber, wie Kierkegaard sagt, »nicht in höherer Einheit, sondern in höherer Narrheit«. Das ist die befreiende Lust, die die Ironie zu bieten hat: Dass das Subjekt sich »aus der Gebundenheit losmacht, in der es von der fortlaufenden Kette der Lebensverhältnisse gehalten wird; daher kann man ja auch vom Ironiker sagen, er sei ausgelassen (losgelassen)«. Die Einnahme einer Position im Außen, und sei sie fiktiv, bewährt sich hier erneut. Mögen die Dinge sein, wie sie sind, und stupide sich weigern, anders zu sein: Mit dem Blick von Außen relativieren sich die engen, unbeweglichen Verhältnisse, über die der Ernst des Faktischen tyrannisch herrscht. Aus der Distanz wird die Rückwendung auf die Verhältnisse möglich, auch die Rückwendung des Selbst auf sich, durch die die Ironie der Vorgehensweise der Reflexion so verwandt erscheint, verschwistert geradezu mit der Philosophie. Nicht von ungefähr wird an der Ironie die Stimmung gerühmt, die alles überblickt und sich »über alles Bedingte unendlich erhebt, auch über eigne Kunst, Tugend, oder Genialität«; in der Ironie begegnen sich Wissen und Lebenskunst, denn sie ist die »Vereinigung von Lebenskunstsinn und wissenschaftlichem Geist«, und ihre »eigentliche Heimat«, so zeigte Friedrich Schlegel sich überzeugt, ist die Philosophie.

Ironie ist ferner die *Kunst, das Andere aufscheinen zu lassen*; sie erschöpft sich nicht in der Realität, die zufälligerweise die momentan herrschende ist, sondern lässt erahnen, dass die Realität in Wahrheit noch eine ganz andere sein kann. Mit derselben ruhigen Selbstgewissheit, wie sie im Lächeln der Mona Lisa zum Vorschein kommt, birgt die Ironie in sich das Wissen von anderen, phantastischen Welten, die den Horizont hinter dem lächelnden Antlitz repräsentieren. Die Realität wird zur Frage des Standpunkts, von dem aus man blickt, zur Frage der Zeit, die ihre eigenen Muster der Wahrnehmung kennt. Was gewiss erscheint, kann mit ebensolcher Gewissheit auch anders sein, und die Ironie denkt dieses Anderssein insgeheim mit. Zwar kann sie an der bestehenden Notwendigkeit nichts ändern, sie bewahrt jedoch die distanzierte Haltung zu ihr, die das Selbst ihren Zwängen entzieht und den Raum der Freiheit denkbar macht. »Das Ironische löst so die Enge eines gebannten Hinblicks, der wohl schon keinen Ausweg mehr sieht, in die Weite eines Spielraums, in welchem sich atmen lässt.« (Beda Allemann)

Ein tiefgründiges Verstehen kommt in der Ironie zum Ausdruck, gerade weil sie auf die definitorische Festlegung der Dinge und des Selbst verzichtet und stattdessen mit ihrer *Mehrdeutigkeit* spielt, die von keinem Begriff so recht zu fassen ist. Es ist ein Spiel mit Widersprüchen und Andersheiten, die sich auszuschließen scheinen, die nun jedoch zusammengeführt werden, um eine Lebenswahrheit zu bezeugen. Das Spiel mit der Mehrdeutigkeit, das jede eindeutige Festlegung unterläuft, hält die Hermeneutik am Leben, wenn es gelingt, »*alle Bedeutungen* auf ihren jeweils anderen Zustand hin durchsichtig zu machen«, wie es in einer »Theorie der Ironie« heißt. Manchmal ist es nur eine Schwingung im gesprochenen Wort, eine begleitende Geste, die eine Doppeldeutigkeit anzeigt, die im geschriebenen Wort wieder verschwindet, wenn sie nicht mitgedacht wird, und man kann sich leicht darüber täuschen, ob diese oder jene Aussage ironisch gemeint ist oder nicht. Wenn das Spiel mit der Bedeutung allerdings erst erklärt werden muss, verpufft die Wirkung der Ironie.

Die Ironie kann eine *Anspielungsironie* sein, die eine Widersprüchlichkeit oder Andersheit anklingen lässt, die bisher nur im Verborgenen existierte. Mit einem Augenzwinkern wird die andere Position, die im Widerspruch zur eigenen steht, mitgedacht, der Anspruch auf Geltung beider in der Schwebe gehalten, oder die andere Position wird übernommen nur zum Schein, um sie zu überzeichnen und ihre Unhaltbarkeit zu erweisen. Eine andere Variante ist die Demonstration einer Überlegenheit mit dem Anschein der Unterlegenheit: *Untertreibungsironie*. Der ursprünglich griechische Begriff und insbesondere die sokratische Ironie meinen vorzugsweise diese Art von Ironie: Sich zu verstellen zum Geringeren hin, sich nicht davor zu scheuen, geradezu als Verkörperung der Dummheit zu erscheinen und dem Anderen den Dünkel der Überlegenheit zu überlassen. Eine Selbstmächtigkeit kommt in der Ironie zum Ausdruck, die es nicht nötig hat, mit allzu vordergründiger Stärke aufzutrumpfen, und die das Selbst auch auf sich wenden kann, um sich in der *Selbstironie* gleichsam von Außen, wie mit den Augen eines Anderen zu betrachten, aus der Distanz zu sich selbst die eigene Mehrdeutigkeit zu entdecken, die jegliche Identität dementiert, und die eigenen Widersprüche und Schwächen, die eigene Eitelkeit ironisch aufzuweisen, ohne doch etwas daran zu ändern.

Die Lebenskunst bedient sich der Ironie in sämtlichen zur Verfügung stehenden Formen. Die geläufige Form der *rhetorischen Ironie* meint dabei die Ironie einer Sentenz, die in einem Spiel mit Worten in einer Rede, einem Gespräch, einer Schrift zum Ausdruck kommt, wobei in der Feinheit der Anspielung die Süffisanz des ironischen Augenblicks zu finden ist; die Steigerung zur Grobheit und Direktheit dagegen ist Sarkasmus. Darüber hinaus bezeichnet die *poetische Ironie*, eine Begriffsprägung Schlegels, nicht nur einzelne ironische Formulierungen, sondern die Ironie eines ganzen Werkes, an dem gearbeitet wird, wobei das Werk mit der Ironie, die in seiner Struktur angelegt ist, sich selbst ironisiert, unabhängig davon, welcher Art von Kunst das Werk zugehört. Wenn aber die Existenz selbst zum ironischen Werk wird, kann von einer *existenziellen Ironie*, der Ironie als Haltung und Verhaltensweise, gesprochen werden, wobei die Ironie, wie bei der poetischen Variante, vor allem in der grundlegenden Disposition und nicht unbedingt in der einzelnen Geste zu finden ist. Die Ironie, die das gesamte Leben zum ironischen Werk macht, ist eine Frage der Lebensform und des Lebensstils, der Haltung zum Leben und zur Welt, des Lebens mit Widersprüchen und des existenziellen Spiels mit Mehrdeutigkeit, das in einem Spiel mit Masken zum Audruck kommt, wie beispielsweise Nietzsche es vorgeführt hat, der in seinen Masken stets ein Anderer ist und der Identität widerspricht.

Die autonome Ironie, die das Subjekt selbst pflegt, kann sich erst recht auf übergreifende Zusammenhänge, in denen es lebt, und schließlich auf das Dasein des Menschen überhaupt beziehen. In der Form der *anthropologischen Ironie* wird die Ironie der Existenz des Menschen, des Widerspruchs zwischen seinem autonomen Anspruch und seiner strukturellen Ausgeliefertheit, bewusst. In der Nacht der menschlichen Eitelkeit, am Rande des Abgrunds der Verzweiflung, ist das Funkeln dieses Sternes namens Ironie noch der letzte Hoffnungsschimmer; die Heiterkeit, mit der er strahlt, rührt her vom Wissen um die grundlegende Nichtigkeit menschlicher Existenz – in krassem Kontrast zur eitlen Überzeugung von seiner Wichtigkeit ist für diese Ironie auch das Verschwinden des Menschen denkbar. In der Form der *metaphysischen Ironie* wird dies noch gesteigert, um sich der Ironie der Welt überhaupt bewusst zu werden, für die die Nichtigkeit zum Wesen der Dinge gehört. Der metaphysische Ironiker zergrübelt sich nicht den Kopf über der Frage, warum überhaupt etwas ist und nicht vielmehr nichts, er begnügt sich mit der Feststellung, dass alles, was ist, auch anders sein könnte, sodass die Dinge nie endgültige Festigkeit gewinnen, sondern immer in der Schwebe bleiben; er beugt sich im Übrigen der Einsicht, dass ihm die Erkenntnis der letzten Wahrheit hierüber wohl vorenthalten bleibt. Das mündet letztlich in die *gnoseologische Ironie*, die Ironie des Wissens, wonach das Wissen selbst höchst ungewiss ist. Der Ironiker weiß, dass er nichts weiß, und stört sich nicht daran, keine letzte Gewissheit zu haben. Hier aber ironisiert die

Ironie sich selbst, denn ohne Wissen ist sie nicht denkbar; wäre der Ironiker unwissend, könnte er nicht ironisch sein – dass er gleichwohl an das Wissen nicht glauben kann, ist die profundeste Ironie.

Über die Ausübung der autonomen Ironie des Subjekts hinaus besteht die Lebenskunst jedoch auch darin, mit der heteronomen Ironie, der *Ironie des Schicksals und der Geschichte* zurechtzukommen, die ebenso tragische wie komische Züge an sich hat. Regelmäßig hat diese Ironie, die von Außen kommt und sich von selbst ergibt, die charakteristische Eigenart, Ansprüche und Anmaßungen zurückzustutzen oder, in anderen Fällen, Individuen zu einem Denken und Handeln zu veranlassen, das sie zuvor strikt abgelehnt haben. So wird zusammengeführt, was nicht zusammengehört, um den Individuen ungefragt vorzuführen, dass Widersprüche lebbar sind. Es ist, als ob, in biographischen wie historischen Zusammenhängen, ein perfides, kicherndes Supersubjekt im Hintergrund die Fäden ziehen würde, um ironische Konstellationen von langer Hand vorzubereiten. Dass Verhältnisse sich anders entwickeln als geplant, dass Individuen sich zuverlässig in den Situationen wiederfinden, denen sie zu entgehen hofften: Das gehört zu den regelmäßigen Erfahrungen, die die Ironie des Schicksals und der Geschichte bereithalten; jähe Wendungen, abenteuerliche Konstellationen, Geschichten, die weitaus spannender sind als Romane, kommen auf diese Weise zustande. Diese Ironie kann das Katastrophalste sein, das Menschen zu erleiden haben, jedoch auch das Köstlichste, das ihnen zu genießen erlaubt ist – sofern sie sich einen Sinn dafür bewahren, dass nicht sie allein das Leben gestalten, sondern dass dies auch »die Dinge« tun, und zwar auf eine Weise, die zuweilen boshaft und destruktiv, oft aber intelligent und planvoll erscheint. Die autonomen Subjekte sind dabei nur Zuschauer und sind erschüttert über die tragische Wendung oder kosten die Komik des Augenblicks aus.

Die Möglichkeiten der Ironie, soweit das Subjekt der Lebenskunst sich ihrer selbst bedient, sind ebenso groß wie ihre Gefahren. Ihre *Möglichkeiten* bestehen darin, die Unvereinbarkeit und Unversöhnlichkeit von Widersprüchen auf sich beruhen zu lassen und selbst in ausweglosen Situationen noch das mögliche Andere ins Auge zu fassen. So wird die Ironie zum Lebenselixier des Subjekts in persönlicher Hinsicht und zum kritischen Potential der freien Gesellschaft in politischer Hinsicht. Es wäre ein gefährliches Indiz, würde die Überwindung der Ironie gesellschaftlich für erstrebenswert gehalten, denn dies liefe auf die Etablierung von Herrschaftszuständen hinaus, die nicht mehr in Frage gestellt werden könnten. Die Ironie repräsentiert nicht den heldenhaften Widerstand, aber immerhin die Möglichkeit, in den Nischen des Gesagten und des Ungesagten das Herrschende der Lächerlichkeit preiszugeben. Die mangelnde Fassbarkeit der Ironie ist die Bedingung ihrer durchschlagenden Wirksamkeit. Da sie keinem Absolutheitsanspruch etwas abgewinnen kann, ist sie nie auf der Seite einer herrschenden Macht zu finden; dort herrscht allenfalls der Zynismus. Im Unterschied zum Zynismus ist die Ironie von einer Humanität, die die notorischen Widersprüche in Menschen und der Welt kennt, ohne sie dafür zu verachten. Sie gibt dem Zweifel Raum und leugnet nicht die Rolle der Zufälligkeit für die bestehenden Überzeugungen, die unter anderen Bedingungen sehr wohl auch anders hätten ausfallen können. Und schließlich beharrt sie auf der Bedeutung des Individuellen, das nicht hinter dem Allgemeinen zum Verschwinden gebracht werden kann. Daher beginnt für Kierkegaard »ein Leben, das menschenwürdig genannt werden kann, mit der Ironie«. Vielleicht kann das Subjekt, das ironisch ist, nicht optimistisch sein, aber immerhin kann es den Optimismus mit einem nachsichtigen Wohlwollen betrachten.

Und die *Gefahren* der Ironie? Sie lauern in der Haltung des Subjekts, sich mit unerträglichen Widersprüchen abzufinden und sie nur zu ironisieren. Keine Realität kann mehr ernst genommen werden, wenn alles ironisiert wird. Kierkegaard spricht auch vom »Untergang der Wirklichkeit« in der konsequenten Ironie: »Die Ironie ist das unendlich leichte Spiel mit dem Nichts, ein Spiel, das sich durch das Nichts nicht erschrecken lässt«. Das kann zur Folge haben, keine seriöse Rede mehr zu führen, eine Haltung ohne Halt einzunehmen, nichts zu affirmieren, sodass alles sich auflöst. Das ist jedenfalls der Effekt einer wahllos ausgeübten Ironie, die ungezielt und unkalkuliert gegen alles und jeden gewendet wird. Zur reflektierten Lebenskunst gehört daher ihr kalkulierter, wählerischer Gebrauch. Die Negativität der Ironie zu mäßigen, bedeutet dabei keineswegs, an ihrer Stelle nun ein »Positivdenken« zu bekräftigen, ganz im Gegenteil.

Technik der Umkehrung:
Negativ denken

Manche hielten die Moderne und mehr noch die Postmoderne für eine große Zeit der Ironie, aber träfe dies zu,
dann könnte allenfalls eine wahllos ausgeübte Ironie damit
gemeint sein. Zutreffender, jedenfalls für die Zeit des ausgehenden 20. Jahrhunderts, dürfte eher eine andere Charak-
terisierung sein, die diese Zeit als eine des manischen »Positivdenkens« sieht, das über die Wahrheit dieser Epoche dereinst noch Rechenschaft ablegen wird: Eine ganze Epoche
muss es sehr nötig gehabt haben, »positiv zu denken«, und
zwar umso positiver, je aussichtsloser die Verhältnisse ins
Negative abglitten. Positives Denken soll, einschlägigen Pub-
likationen zufolge, eine »sehr tiefgreifende Methode der
Selbstverwirklichung« sein, um ein »umfassendes körper-
lich-geistiges Wohlgefühl« zu erreichen; morgens soll man
bereits mit einer »positiven Tageseinstellung« beginnen, das
kann sich dann ausweiten bis zu einer »positiven Lebensein-
stellung«. Da negative Gedanken nur Wut und Trauer auslösen, sollen sie abgelöst werden durch »tiefe positive Gedanken«; schließlich ist alles Unwohlsein verwerflich und rührt
sowieso nur von inneren Verspannungen und negativen Gedanken und Gefühlen her. Der Kreuzzug des Positivdenkens
gegen »das Negative« lässt sich bildlich als siegreicher Kampf
gegen ein vielköpfiges Ungeheuer darstellen.

Es mag eine machtvolle Ausrichtung moderner Menschen
»auf das Wohlleben, Gutgehen, Wohlaufsein« geben, wie
manche bemerkt haben. »Eine Art Zwang zum Glücklichsein.« Die unvermeidliche Ironie des Schicksals fügt es freilich, dass das Selbst im selben Maße, wie es positiv denkt, das
Negative auf sich zieht. Ein Grund dafür ist der Zwang, dem

es sich mit der Fixiertheit seines Denkens selbst aussetzt: Er sorgt dafür, dass schon die unscheinbarste Unregelmäßigkeit als negativ verbucht werden muss. Aufgrund der Aussichtslosigkeit des Unterfangens, eine rein positive Welt herzustellen, steigert sich nur die Rhetorik, die sie beschwört. Für die reflektierte Lebenskunst aber steht, statt an dieser positiven Spirale weiterzudrehen, eine andere mögliche Vorgehensweise zur Verfügung, mit der eine Umkehrung der Denkrichtung vollzogen wird, um das Umkehrgebot der Klugheit einmal auf diese Weise zu praktizieren und versuchsweise anstelle des Positivdenkens ein *Negativdenken* zur Geltung zu bringen.

Die Stärke des Negativdenkens besteht darin, tief genug zu gründen, um auch das Positivdenken noch mit umfassen zu können. Seine Methode beruht darauf, grundsätzlich nicht das Beste, sondern das Schlechteste über Dinge, Verhältnisse und Menschen zu denken. Diese negative Grundhaltung zieht durchaus positive Konsequenzen nach sich, und zwar im doppelten Sinne: Wer so denkt, wird nur selten enttäuscht, und sollte er dennoch enttäuscht werden, dann nur angenehm. Wenn das Negative, das er befürchtet und voraussieht, wirklich eintrifft, trifft ihn dies nicht unvorbereitet und das Leben geht weiter; trifft es nicht ein, ist dies umso erfreulicher, und der angenehme Zustand, der gewöhnlich keiner weiteren Beachtung wert wäre, lässt sich nun bewusst genießen. Wer auf diese Weise negativ denkt, wird also entweder bestätigt oder erlebt nur Gutes; wer dagegen auf herkömmliche Weise positiv denkt, kann böse Überraschungen erleben. Das Modell für solche Überlegungen findet man übrigens bei Kant, für den derjenige, der »jederzeit nur etwas Mittelmäßiges erwartet«, den Vorteil hat, »dass der Erfolg selten seine Hoffnung widerlegt, dagegen bisweilen ihn wohl auch unvermutete Vollkommenheiten überraschen«. Grundsätzlich, so rät er, solle man »keine sehr hohen Ansprüche auf die Glückseligkeiten des Lebens und die Vollkommenheit der Menschen« machen.

Der Unterschied spitzt sich zu in der Haltung zum Erfolg: Das Positivdenken setzt sich einem *Erfolgszwang* aus, das Negativdenken nicht. Nicht dass der Erfolg nicht erstrebenswert erschiene, aber das Negativdenken ist eher liiert mit der Kunst, nicht ihn allein im Blick zu haben und Niederlagen nicht zu fürchten. Und wenn der Erfolg sich dann doch nicht mehr vermeiden lässt, wird das Selbst gewappnet gegen ihn sein, denn er bringt, entgegen einer Grundannahme des Positivdenkens, keineswegs nur »das Positive« mit sich, sondern verdient Misstrauen: Erfolg zu haben, könnte auch nur eine Möglichkeit sein, zu Fall gebracht zu werden, die perfideste immerhin. Machtstrategisch gibt es diese beiden Möglichkeiten, jemanden auszuhebeln: Die gewöhnliche, ihm eine Niederlage zu bereiten – und die infame, ihm den Erfolg zu vermitteln, der ihn über kurz oder lang ins Verderben stürzen wird. Denn der Erfolg steigt ihm zu Kopf, macht ihn leichtsinnig und überheblich; Erfolg haben können die wenigsten. Zum technischen Arsenal der Lebenskunst gehört daher, nicht nur Misserfolge, sondern auch Erfolge noch wegstecken zu können.

Dass das Positivdenken selbst so großen Erfolg hat, beruht wohl auf einem Missverständnis: Ihm wird zugetraut, die lästige *Widerspruchsstruktur* des Lebens aus den Angeln heben zu können und dem Positiven allein Bahn zu brechen. Je intensiver dieses Ziel verfolgt wird, desto mehr wächst die Gefahr, von den Widersprüchen des Lebens wieder eingeholt zu werden, zuvörderst im alltäglich gelebten Leben, das regelmäßig Tage bereithält, denen nachzutrauern sich nicht lohnt – wozu sie unter den Glorienschein der »Lebensfreude« zwingen? Diese Tage haben dasselbe Recht auf

Existenz wie andere auch; ihnen etwas Positives nachzusagen hieße, ihren Anspruch auf unverfälschte Eigenart zu bestreiten. Ebenso kommt dem Subjekt ein Menschenrecht auf schlechte Laune zu, statt immer nur »gute Laune« haben zu müssen. Immer nur positiv, immer »gut drauf« zu sein, immer vergnügt, immer nur zu gewinnen und »Sieger« zu sein, hat etwas Bedrückendes und Erstickendes an sich – man sehnt sich geradezu nach Freiräumen des Negativen, in denen man der Eindimensionalität des Positiven entkommt, das unwidersprochen seinen Zynismus verbreitet.

Beim ersten Hinsehen könnte der Eindruck entstehen, im Positivdenken eine unbewusste, klischeehafte Wiederaufnahme antiker Philosophie vor sich zu haben. Historisch gesehen ist die positive Programmierung des Selbst nicht etwa eine moderne Erfindung, sondern eine antike Technik, die vor allem in der epikureischen und stoischen Philosophie der Lebenskunst ausgearbeitet worden ist. Demnach ist die Bewertung der Dinge als »positiv« oder »negativ« eine Frage der Vorstellung, die man sich von ihnen macht, und diese wiederum ist abhängig davon, wie sie gelenkt wird. Der »Gebrauch der Vorstellungen« steht in unserer Macht und erlaubt uns, auch missliche Dinge so zu interpretieren, dass sie lebbar werden und wir nicht von der Erfahrung des Üblen überwältigt werden; denn nicht das, was uns zustößt, ist bedrückend, sondern unsere Meinung darüber. Diese Philosophie beruht allerdings auf anderen Grundlagen als die Strategie, sich unentwegt einzureden, es gebe nichts Negatives, und sich der Suggestion zu unterwerfen, alles sei irgendwie positiv, um sich dann erst recht an einer schlimmen Realität wund zu stoßen: In der Antike setzte der Gebrauch der Vorstellungen eine Basis des Negativdenkens voraus, ein »Vorwegbedenken des Üblen«, um nicht plötzlich davon überrascht zu werden. Auf das Schlimmste gefasst zu sein und sich darauf vorzubereiten: Das ist ein Instrument wachsamer Lebenskunst seit jeher.

Das moderne und postmoderne Positivdenken hat seine Wurzeln nicht in dieser Tradition, es fehlt ihm jede philosophische Einbettung und es ist nicht als Kalkül im Rahmen einer reflektierten Lebenskunst gedacht. Seine – wenn auch unfreiwilligen und unbewussten – historischen Bezüge lassen vielmehr Anklänge an die totalitäre Geschichte des 20. Jahrhunderts erkennen: Positiv zu denken, das könnte auch die Neuformulierung des Programms »Kraft durch Freude« sein, mit dem die Nationalsozialisten die Massen zu beglücken suchten, die dies dankbar annahmen. Als »positiv« denkende Individuen werden in totalitären Zusammenhängen diejenigen bezeichnet, die uneingeschränkt für das herrschende System einzutreten versprechen; andere aber sind »negativ auftretende Individuen«, die sich mit »äußerst negativen Diskussionen« hervortun, und überall werden »feindlich-negative Grundeinstellungen« oder »negativ-feindliche Zusammenschlüsse« aufgespürt. Aber selbst in nichttotalitären Zusammenhängen gilt oft: Wer nicht positiv ist, macht sich von vornherein verdächtig. Die überkommene Unterscheidung zwischen Gut und Böse wird ersetzt durch das Begriffspaar des Positiven und Negativen; das klingt moralisch neutraler und weniger altertümlich, trennt aber ebenso schnell die Spreu vom Weizen.

Einiges davon hat ins Positivdenken Eingang gefunden: Wer den Optimismus des Positivdenkens nicht teilt, gilt allzu leicht als Miesmacher, und er wird in die Enge getrieben, indem man ihm seine »negative Grundhaltung« vorwirft. Für das Positivdenken sehen dessen Protagonisten im Gegenzug ganz unbescheiden eine entscheidende Rolle bei der »Weiterentwicklung im Sinne der Evolution« vor. Freilich scheint diese Evolution vorzugsweise in der ökonomischen Sphäre stattzufinden: Führungspersönlichkeiten, die dem erfolgreichen Positivdenken folgen, ersetzen negative Gefühle und Einstellungen bei sich selbst und ihren Mitarbeitern durch einen »positiven, selbstbewussten« Ton, der Zweifel am unaufhaltsamen Siegeszug gar nicht erst aufkommen lässt. Angesichts der herrschenden positiven Tendenzen im westlichen Kapitalismus mussten auch die Menschen in den ehemals realsozialistischen Ländern nach der historischen Wende von 1989 gehörig umdenken; sie machten aber die verzweifelte Erfahrung, dass trotz positiver Grundeinstellung die Verhältnisse immer schlimmer wurden. Dies wurde zur ersten schmerzlichen Lektion in der Begegnung mit der neuen Kultur: Menschen, die immerzu positiv denken, sind eine leichte Beute; während das Negative sich um sie herum zusammenzieht, finden sie es zuletzt positiv, überhaupt noch am Leben zu sein. Ungehindert kann man sie in die Malaise schicken.

Das Negativdenken bewahrt demgegenüber die Fähigkeit zur *Kritik*, wie sie für eine reflektierte Lebenskunst unabdingbar ist, um den Positiv-Darstellungen nicht einfach nur Folge zu leisten. Statt blind an das Positive zu glauben, erscheint es wichtiger, kritische Fragen zu stellen, was denn darunter zu verstehen sei und für wen dies und jenes »positiv« ist. Wessen Interessen werden dabei bedient? Wozu ist es gut, den strahlenden Schein aufrechtzuerhalten; wozu mit so großer Einfältigkeit »immer nur nach vorne schauen«? Welche Verzweiflung, welche Aussichtslosigkeit macht Individuen anfällig für eine solche Verhaltensweise? Was für ein Befinden hat es nötig, nach einem solchen Strohhalm zu greifen? Und was hat es zu bedeuten, wenn diese »positive Revolution« sich überall ausbreitet? Um die Lebensgestaltung zu ermöglichen, erstreckt sich die Negativität der Kritik auf all das, was nicht hinnehmbar ist; Kritik, um die bestehenden Verhältnisse ihres guten Gewissens zu berauben und mögliche Veränderungen vorzubereiten. Der Kritik selbst noch abzuverlangen, »positiv« zu sein, kann nur bedeuten, sie von vornherein ausschalten zu wollen, denn Kritik ist von Grund auf nicht positiv, sie kann es nicht sein, sie ist bösartig, hinterhältig, niederträchtig, das macht sie so außerordentlich wirkungsvoll, alles andere läuft auf ihre Verharmlosung hinaus.

Das Positivdenken gibt sich allzu gern der Hoffnung hin, es werde schon alles noch gut werden, wenn man nur lange genug gut davon denkt. Die Alternative zu diesem simplen Optimismus ist aber nicht etwa ein ebenso simpler Pessimismus des Negativdenkens, vielmehr befleißigt sich das Negativdenken jener heiteren Skepsis, die die Distanz zu allzu großen Hoffnungen wahrt. Nicht eine Haltung der Resignation liegt dem Negativdenken zugrunde, sondern eine Reserviertheit gegenüber allem, was sich so auffällig den Anstrich des Positiven gibt und glauben macht, der Endsieg des Guten sei nicht mehr aufzuhalten. Diese Reserviertheit schafft den nötigen Freiraum des Denkens und hindert die Individuen daran, im Meer des Guten zu versinken, das das Bestehende nach positiver Einschätzung ist. Muss man aber nicht befürchten, dass das Negativdenken zu einer universellen Melancholie führt? Ist darin nicht das zwangsläufige Resultat der Skepsis und das Ende aller Lebenskunst zu sehen?

Aussetzen von Lebenskunst:
Melancholie

Es ist schwierig, über die Melancholie zu sprechen, denn sie
ist in jeder Hinsicht ein unbestimmter Zustand, über den
sich nichts mit Gewissheit sagen lässt; das melancholische
Subjekt entzieht sich jeder Bestimmtheit, und seine Melancholie bezieht sich auf kein bestimmtes Objekt. »Melancholie« bedeutet keineswegs für jeden, in jeder Kultur und zu
jeder Zeit dasselbe; sie wird nicht von allen auf dieselbe
Weise wahrgenommen und nicht für jeden spielt sie überhaupt eine Rolle. Aufschlussreich sind die Versuche zu einer
Kulturgeschichte der Melancholie, die die Geschichte dieser
Erfahrung schreiben. Sie können zeigen, dass es nicht die
Skepsis ist, die die Melancholie hervortreibt, sondern dass
überall dort, wo der menschliche Anspruch ins Maßlose
getrieben wird, auch das Weinen darüber aufbricht; dass dort,
wo ein blinder Aktivismus zum einzigen Maßstab der Existenz wird, der Rückzug von aller Aktivität zur verlockenden
Alternative wird; dass gerade dort, wo das Positivdenken mit
aller Macht die Erfahrung des Negativen schlechthin, nämlich den Tod, zum Verschwinden bringt, die Nähe zu ihm
gesucht und kultiviert wird. Auf eine Zeit der Anmaßung
folgt eine Zeit der Melancholie, und sie begleitet vielleicht
schon als unterirdischer Strom den oberflächlichen Triumph.
Selbst die Größe einer Hoffnung verweist letztlich nur auf
das Ausmaß an Melancholie, das zu erwarten ist, sobald sie
sich als nicht einlösbar erweist. Trifft dies zu, so zieht der Sog
des Vakuums, das die zerstobenen modernen Hoffnungen auf
ein universelles Glück in der Geschichte hinterlassen haben,
eine Epoche der Melancholie von beträchtlichen Ausmaßen
nach sich.

In einer Kultur, die einen ungeheuren Fortschrittsschub in der *Zeit* vollzogen hat, ist die Melancholie aber wohl auch die Erinnerung an eine andere Kultur, in der das Leben noch im *Raum* geborgen war. Die Melancholie wäre dann nichts anderes als der Nachklang dieser Kultur des Raumes inmitten der herrschenden Kultur der Zeit. In einem Innenraum des Selbst lebte diese andere Kultur fort, ja die Innerlichkeit *wäre* dieser Raum, der sich vom Äußeren ins Innere umgestülpt hätte, um gleichermaßen eine Falte zu bilden. Diese Falte, in der die Melancholie wohnt, könnte die Erinnerung an die Kindheit der Menschheit sein, die in anderen Kulturen nie verlassen worden ist, auch eine Erinnerung des Einzelnen an seine eigene Kindheit, denn das Kind lebt in dem Raum, in dem es keine Zeit gibt, und es verlässt ihn erst, wenn es erwachsen wird. So wäre die Melancholie die leise Trauer über den verlorenen Raum und das Weinen über die Zeit, die nur vergeht und nicht aufhört, rasend schnell zu vergehen. Als »Störung des Zeitbewusstseins« kommt dies im klinischen Befund zum Vorschein, aber der Grund dafür ist nur, dass der Melancholiker in der Zeit nicht leben kann.

Man kann darin das Aussetzen von Lebenskunst sehen, wenn unter Lebenskunst zu verstehen ist, mit der Zeit zurechtzukommen, sich in der Welt, wie sie erfahrbar ist, zu orientieren, das Leben selbst in die Hand zu nehmen und bewusst zu führen, klug zu agieren, das individuelle Maß zu finden und keinem Übermaß sich auszuliefern, sodass gar nicht erst dieser Raum entsteht, in dem die große Traurigkeit sich entfalten kann. Lebenskunst bemüht sich darum, Sinn fürs Leben zu finden, nicht jedoch »den Sinn« schlechthin, sie kennt kein Verlangen nach dem Absoluten, und selbst der Enthusiasmus, der sich bisweilen durchsetzt, wird vom Subjekt gemäßigt, um nicht in allzu bitteren Enttäuschungen zu enden. Das Subjekt der Lebenskunst ist, wie der Melancholiker, auf der Suche nach dem wahren Leben, verbindet jedoch keinen Anspruch auf eine letzte Wahrheit damit und ist skeptisch gegen Hoffnungen auf das große Glück. Dass das Leben flüchtig ist, dass es vergänglich ist, gehört in seiner Sicht zu den Grundbedingungen der Existenz, und der Tod wird als äußerster Moment des Lebens begriffen, der immer noch der Kunst des Lebens zugehört.

Im Unterschied zur Lebenskunst, die sich darin versucht, mit Widersprüchen zu leben, ist die Melancholie eher das Leiden an ihnen. Und was den Anspruch des Subjekts auf Selbstmächtigkeit und eigene Lebensführung angeht, ist der Melancholiker zweifellos von der Lächerlichkeit, ja Vermessenheit dieses Anspruchs überzeugt, die Arbeit an der Kultivierung des Selbst hält er für nichtig. Er ist erfüllt von *ängstlicher Sorge*, und an der anderen, der *klugen Sorge* nicht interessiert, da sie ihm vergeblich zu sein scheint. Warum für sich selbst sorgen? Wozu das Leben gestalten? Die Grenze des Todes, die in der Lebenskunst das äußerste Argument dafür ist, nicht gleichgültig gegen das eigene Leben zu bleiben, gerät hier umgekehrt zum Argument für die Sinnlosigkeit allen Tuns. Auch die Arbeit der Hermeneutik wird eingestellt, denn wozu sollte man den Dingen »Bedeutung« verleihen? Für den Melancholiker hängt alles von der Bedeutung ab, die die Dinge selbst ihm mitteilen – in der davoneilenden Zeit aber sagen die Dinge nichts mehr, und so verblasst die Welt und alles, was in ihr ist, zum Nichts. Auf Kunstgriffe der Lebenskunst, es »nicht so genau zu nehmen«, Vergröberungen einzuführen, um die Feinsinnigkeit auszutarieren, sich an Banalitäten festzuhalten, die oberflächlich und gut fassbar sind, um so die Dinge »leichter zu machen« und sie vor allem in schwierigen, komplizierten Situationen auf eine handhabbare Ebene zurückzuführen – auf diese Kunstgriffe verzichtet der Melancholiker; er will alles genau wissen und jeder

Nuance noch auf den Grund gehen, alle Dinge haben für ihn eine sehr ernsthafte Wichtigkeit, und er bezieht sie so sehr auf sich selbst, dass er an ihnen ebenso leidet wie an sich selbst; daher auch der klinische Befund vom »Schwernehmen«, das die Dinge »mit einem weit größeren Gewicht belastet, als ihnen zukommt«.

Das Verhältnis zwischen Melancholie und Lebenskunst erschöpft sich jedoch nicht in dieser Gegenüberstellung. Melancholie lässt sich nicht nur als simples Aussetzen von Lebenskunst deuten, vielmehr kommt es darauf an, auch hier die Perspektive umzukehren, den Standpunkt der Melancholie einzunehmen, um aus ihrer Sicht das Scheitern der Lebenskunst, ihr »Aussetzen« im anderen Sinne, zu erleben. Verhält es sich nicht in der Tat so, dass das Unterfangen, die Existenz zum Kunstwerk zu machen, immer wieder mit einer Niederlage endet? Wozu die übermenschliche Anstrengung, das Leben zum Werk zu machen, wenn das Selbst sich doch damit abfinden muss, dass die Kräfte dazu nicht ausreichen? Das Aussetzen der Lebenskunst, das die Melancholie konstatiert und das sie selbst repräsentiert, hat jedoch, wenn es ernst genommen wird, seinen Sinn im Rahmen der Lebenskunst selbst – denn es markiert den Punkt ihres Scheiterns und vermittelt die *Erfahrung der Grundlosigkeit*, die gleichwohl grundlegend ist, denn die Lebenskunst würde sehr oberflächlich begründet sein, würde sie ihre eigene Abgründigkeit negieren. Sie bedarf eines tragischen Bewusstseins, um tiefer zu gründen, daher kann Lebenskunst auf Melancholie nicht verzichten. Was dann noch bleibt, ist eine Gestaltung des Lebens und des Selbst, die nicht allein auf ihr Gelingen setzt und nicht das vollkommene Werk zu realisieren versucht.

»Sich zu hintersinnen« ist die Bedeutung der Melancholie für das Subjekt der Lebenskunst, um reflexive Distanz zu sich zu gewinnen, sich fremd zu werden, den Zusammenbruch dessen, was für »Identität« gehalten wurde, zu erfahren, die Selbstverständlichkeiten zu verlieren, in denen das Selbst gewöhnlich lebt und das Leben dahingehen lässt. Es ist die Besonderheit der Melancholie, den Schmerz der Reflexion tief spüren zu lassen, diese grundlose Traurigkeit, die um den wankenden Grund von allem weiß und die labyrinthische Grundlosigkeit des Selbst erkennt. Der Melancholiker ist unfähig zur Übereinstimmung mit sich, zur Erfüllung dieser merkwürdigen Norm der Identität, deren Nichtigkeit nun aufbricht und die auch nicht durch eine Kohärenz ersetzt werden kann; er sucht existenziell nach Gründen, statt sich im unendlichen Diskurs zu ergehen, und weiß doch auch um die Vergeblichkeit des Ergründens. Zuletzt versteht er die Worte nicht mehr, die er selbst spricht und die zu ihm gesprochen werden, stattdessen beginnt er zu träumen und das reine Denken aufzulösen, es umzuwandeln in ein existenzielles Sinnen.

Dieses Aussetzen von Lebenskunst ist ein wichtiges Element von Lebenskunst, denn nur so ist sie im Grunde, wenn überhaupt, zu erlernen: Aus der Ohnmachtserfahrung, die der Selbstmächtigkeit hohnlacht, aus der Erfahrung des unbestimmten Weltschmerzes heraus, nicht zurechtzukommen mit sich und der Welt. Wozu Lebenskunst? Einen absolut zwingenden Grund, sich um sie zu bemühen, gibt es nicht. Sie kann nur aus einer Wahl hervorgehen, die das Individuum trifft, und nur auf einem Wissen darüber beruhen, wie brüchig alle Gründe im Grunde, wie nichtig alle Gestaltungen letzten Endes sind, welche Bedeutungslosigkeit der menschlichen Existenz eigen sein kann und dass ihr der Boden jederzeit unter den Füßen weggezogen werden kann. »Gründe« im Sinne von Argumenten sind hiergegen machtlos, an der Melancholie der Existenz prallen sie seit jeher ab.

Die Überheblichkeit des Anspruchs auf Gestaltbarkeit von allem und jedem wird auf diese Weise unterlaufen und bringt das Überheblichkeitsverbot der Klugheit in Erinnerung, um einer grundlegenden Einsicht Geltung zu verschaffen: Dass die Arbeit der Gestaltung Grenzen hat. Es mag widersprüchlich erscheinen, die Arbeit der Gestaltung zugleich mit ihrer Begrenztheit zu betonen, aber warum sollte bei der Grundfrage der Lebenskunst selbst die Grundstruktur der Widersprüchlichkeit außer Kraft gesetzt sein?

Einmal ins Werk gesetzt, verbürgt die Lebenskunst, die die Melancholie nicht abweist, keinen absolut ruhigen Grund, denn sie wohnt im Garten am Rande des Abgrunds. Selbst wenn sie mit innerer Ruhe, Abgeklärtheit und Ausgeglichenheit (der ausgewogenen Mischung der »Säfte«, melancholisch gesprochen) gleichzusetzen wäre, so könnte sie diese am ehesten dadurch erlangen, dass sie ihren Grund, der ein Abgrund ist, nicht leugnet. Sollte sie in einem wohlverstandenen Sinne oberflächlich sein, dann nur »aus Tiefe«. Von dorther bezieht sie den Anlass, immer wieder in Unruhe zu sein über sich selbst, und die eigene, festgefügte Welt aufs Neue zu befragen. Das zielt nicht darauf ab, die abgründige Traurigkeit in ähnlicher Weise sich zunutze zu machen, wie es einst unter christlichen Vorzeichen nützlich erschien, traurig zu sein über den momentanen Zustand seiner selbst und der Welt, vorausgesetzt man zweifelte nicht an der kommenden Erlösung. In der reflektierten Lebenskunst geht es nicht um eine nützliche Traurigkeit, die instrumentalisiert werden soll, sondern um das Bewusstsein der Abgründigkeit, das ruinös sein kann. Die Melancholie wird auch nicht etwa als ein »falsches Räsonnement« betrachtet, als das sie zur Zeit der historischen Aufklärung höflich, aber vernichtend charakterisiert wurde, sie steht vielmehr für eine durchaus mögliche Grundeinsicht: Im Grunde ist alles ohne Grund. Nur auf der

Grundlage dieser Einsicht kann es, wenn überhaupt, wirkliche Lebenskunst geben – eine Lebenskunst, die allerdings weiß, dass man zugrunde geht, »wenn man immer *zu den Gründen* geht«, wie Nietzsche sagt.

Die Lebenskunst gewinnt auf diese Weise eine andere Haltung zur Melancholie als diejenige Auffassung, die in ihr das Zeichen einer elenden Seele zu sehen geneigt war – so jedenfalls die Position des *westlichen*, römisch-katholischen und protestantischen Christentums, im Unterschied zum *östlichen*, orthodoxen, in dem die melancholische und »isychiastische« Existenz ihre religiöse Weihe erfahren hat. Die Flucht in die Melancholie wird in der Geschichte des westlichen Christentums als eine Verweigerung der Suche nach dem Heil interpretiert, als unverzeihliche Sünde wider den heiligen Geist. Die schwermütigen Seelen schienen nicht erlösungsfähig zu sein, untröstlich von Grund auf, da der Jubel über Gottes Kommen, wie jeder Jubel, ihnen als töricht erschien. Aber es ist nicht auszuschließen, dass gerade die christliche Sehnsucht nach göttlicher Vollkommenheit die Tristesse der heillosen Welt erst recht fühlbar gemacht hat. Trübsal überkommt den, der nach Vollkommenheit strebt; er sehnt sich nach der Vereinigung mit Gott und spürt die Unvollkommenheit der Existenz. Vielleicht war es am Ende das Christentum selbst, das mit der Vision einer erlösten Welt die Melancholie im historischen Maßstab befördert hat, denn diese träumt im Grunde denselben Traum – und weiß doch zugleich um dessen Uneinlösbarkeit: Das ist es, was sie so untröstlich macht.

Die Melancholie wurde in der Geschichte des Abendlandes nie geliebt, im Christentum nicht, in der säkularen Moderne nicht. In der Moderne geriet sie zum malträtierten Objekt einer langen Reihe ideologischer Polemiken aufgrund ihrer »Verachtung der Wirklichkeit«, ihrer fehlenden

»Einsicht in die Vernünftigkeit der Welt«; es mangelte ihr am Glauben an den Fortschritt und an das gesetzmäßige Erreichen einer paradiesischen Zukunft, ostentativ kehrte sie ihr Desinteresse an einem »starken Willen« hervor, dieses Ziel zu erreichen. Auch in der Welt der Wissenschaft wurde sie nie geschätzt, da sie, zweifelnd an allem, den Optimismus des »Wissens« nicht teilte. Im ausgehenden 20. Jahrhundert galt sie nurmehr als Krankheit der »Depression«, um deren Behebung ganze Heerscharen von Therapeuten sich mühen. Indem man sie »heilen« will, will man mit säkularen Mitteln jenes »Unheil« bekämpfen, das schon die frühen christlichen Autoren in ihr sahen. Als Befreiungsschlag gegen den Terror der Therapie wurde von all den »Depressiven« am Ende der Moderne daher schon die bloße Wiederentdeckung des Melancholiebegriffs empfunden; seither explodiert der Diskurs über die Melancholie erneut. In der krampfhaft optimistischen Kultur der universellen Information und Kommunikation scheint es ein Bedürfnis zu geben, die Melancholie wieder zum Bewusstsein von der Nichtigkeit dieser Welt zu erheben. Es ist die Welt des manischen Positivdenkens, die nach einer letzten Bastion des Negativen ruft.

Die reflektierte Lebenskunst nimmt die Melancholie in sich auf, ohne sie therapieren zu wollen. Sie hat jedoch als Kunst der Existenz, wie andere Künste, der Melancholie auch etwas zu geben, nicht um sie zu »heilen«, sondern um sie lebbar zu machen. Dazu dient etwa die *Kunst der Erotik* – ohnehin sind die Darstellungen der Melancholie auffällig häufig mit erotischen Attributen ausgestattet, weil es das ist, was die Melancholie allein noch trösten kann, und weil das melancholische Subjekt zuletzt aus der Erotik noch Reiz und Anreiz des Daseins bezieht. Der aristotelische Autor des berühmten »Problems XXX,1« erkannte bereits, dass die meisten Melancholiker »wollüstig« sind, erfüllt von der

Sehnsucht nach Wärme, die sie in den Armen des Anderen zu empfinden hoffen, um »danach« erst recht missgestimmt zu sein, »denn sie erkalten«. Möglicherweise ist dies die Situation des Paares in Edward Hoppers »Exkursion in die Philosophie«: Melancholie der Leere nach der vollzogenen Umarmung. Nur die Kunst der Erotik könnte damit vertraut machen, dass die Leere umso größer ist, je inniger die Hingabe war, und dass eine neue Innigkeit sich vorbereitet in der Distanz.

Melancholie kann nicht auf Kunst und Lebenskunst verzichten, um Ausdruck zu finden und gelebt zu werden. Ist die Lebenskunst abwesend, läuft sie Gefahr, in der Verzweiflung unterzugehen; kommt die Lebenskunst dagegen hinzu, gewinnt sie erst den Rahmen, innerhalb dessen es sich besser melancholisch sein lässt, da das Selbst gleichsam mit äußerem Halt seinem inneren Zustand zusehen kann. Die Melancholie wird dabei ein wenig aus ihrer Unbestimmtheit geholt und kann in ihrer ganzen sinnlichen Fülle erfahren werden, das Subjekt kann sich ihr nun – in der Gewissheit, nicht zu fallen – ganz überlassen und ihre Süße auskosten, fähig dazu, auch den Tränen freien Lauf zu lassen. Und noch eine weitere Kunst, die für die Lebenskunst Bedeutung hat, und zu der die Melancholie sich gewöhnlich auf Distanz hält, kommt in Betracht: Die *Kunst des Lachens*. Der Melancholiker lächelt nur wehmütig, das Lachen erscheint ihm obszön, es bedroht ihn außerdem in seiner Existenz, denn es würde die ins Stocken geratenen »Säfte« wieder in Fluss bringen. Aber diese Reserviertheit beruht auf einem Trugschluss über das Lachen, das in einer reflektierten Lebenskunst gepflegt wird. Denn dieses Lachen entstammt nicht etwa einem »rosigen Gefühl«, wie umgekehrt das Weinen sich dem »schwärzesten Gefühl« der Melancholie verdankt. Das Lachen der Lebenskunst kommt vielmehr aus derselben Grundlosigkeit, aus dunklen Untergründen wie das Weinen der Melancholie, und schüttet sich aus über die Widersprüche von Selbst und Welt. Es träumt nur nicht insgeheim von einer perfekten Welt. Wenn die Melancholie aber mehr als nur ein erlittener Zustand sein und zur bewussten Haltung werden sollte, könnte sie die heitere, gelassene Form gewinnen, die sie zum Bestandteil einer philosophischen Lebenskunst machen würde.

Einsetzen von Lebenskunst:
Gelassenheit

Inmitten der Melancholie setzt die Lebenskunst wieder ein, sobald die Gelassenheit sich ausbreitet, deren Konturen für die Kultur einer anderen Moderne aus der Geschichte der Philosophie gewonnen werden können. Die Haltung der Gelassenheit ist zurückzubeziehen auf das epikureische und stoische »Freisein von Unruhe«, die *Ataraxie*, frei von Verwirrung und Aufregung, von Lärm und Getöse, von Furcht und Schrecken – eine Gelassenheit, die durch die feste Zusammenfügung der Seele, die »Seelenfestigkeit« erst entsteht, um schließlich »mit gleicher Seele« auch schwierige Situationen aushalten zu können und »Gleichmütigkeit« zu erreichen. Das kann bedeuten, unleidenschaftlich, nicht von Leidenschaften und ihrer willkürlichen Bewegung abhängig, wenngleich nicht leidenschaftslos zu sein: Die Gleichmütigkeit ist der Gegenbegriff zum unschlüssigen Hin und Her der Seele. Durchaus kann Widersprüchliches in dieser Seele koexistieren, entscheidend ist jedoch, ob es möglich ist, die Widersprüche so auszutarieren, dass sie zum inneren Gleichgewicht beitragen.

Die Gelassenheit kann, angelehnt an ihre antike Gestalt, zum Signum der Lebenskunst in einer anderen Moderne werden, zum wertvollen, unverzichtbaren Einsatz im Spiel von Freiheit und Macht. Das in sich ruhende, ausgeglichene Selbst ist das eigentlich freie Subjekt, denn es ist am ehesten in der Lage, sich der Macht Anderer oder anonymer Verhältnisse nicht auszuliefern, sondern »über sich selbst die größte Macht zu haben« und sich selbst zu Eigen zu sein, wie Seneca die »Seelenruhe« beschreibt. Mithilfe dieser gesteigerten Selbstaneignung und Selbstmächtigkeit ist es möglich, das

Widerstrebende, das Üble, Schmerzliche und selbst Wider-
liche gelassen hinzunehmen, ebenso jedoch das Angenehme
und Lustvolle, nämlich ohne Exaltation und ohne sich daran
zu klammern, sodass es mühelos wieder losgelassen werden
kann. Und schließlich erstreckt sich die gelassene Hinnahme
auch auf das Veränderliche und Wandelbare: Da ohnehin mit
der Veränderlichkeit der Dinge gerechnet werden muss – das
einzig Beständige ist die Veränderung – kommt es darauf an,
sich für sie offen zu halten; das aber bedarf der Festigkeit der
Seele, die selbst dem überraschenden Wandel mit Ruhe
entgegenblicken kann. Auch wenn Gelassenheit also auf dem
Freisein von Unruhe beruht, lässt sie sich nicht dazu herbei,
einem Quietismus zu frönen und das Unvorhergesehene auszuschließen, das für Unruhe und Veränderung sorgen könnte; vielmehr ist sie zur *Offenheit für das Unvorhersehbare* disponiert und verfügt über Möglichkeiten, den verschiedensten
Geschehnissen gerecht werden zu können. Sie wächst mit
dem Reichtum an Erfahrungen, den das Subjekt sich aneignet im Umgang mit sich selbst und der Welt, im Hinblick auf
innere und äußere Verhältnisse, sodass es vieles kennt und
damit umzugehen weiß. Es muss nicht mehr unbedingt in
den Vordergrund treten, es kann verzichten und verlieren, da
es davon nicht angetastet wird; gelassen das eigene Scheitern
zu ertragen, ist ein Element seiner Lebenskunst. Seine Selbstmächtigkeit ist tiefer gegründet und resultiert aus der Kohärenz des Selbst, die einen ruhenden Kern in sich hat, der
nicht ängstlich und eifersüchtig bewacht werden muss.

Zur Gelassenheit gehört – das ist ihre Verwandtschaft mit
der Ironie – der *Blick von Außen* auf die Dinge und Verhältnisse, um deren Bedeutung oder Bedeutungslosigkeit besser
zu erkennen und verhaltener auf sie zu reagieren. Mit diesem
Blick bewahrt sie die Distanz zur Unmittelbarkeit der
Eindrücke, und seien sie noch so überwältigend, faszinierend

oder deprimierend. Weder Gleichgültigkeit noch Nachlässigkeit gehen daraus hervor, sondern die Haltung der Geduld. Mit Geduld ist nicht Demut gemeint, keine unterwürfige Haltung, sondern ein langer Atem, ein Wartenkönnen, bis etwas herangereift ist, die Fähigkeit, sich selbst, Anderen und den Dingen Zeit zu lassen, bis der richtige Zeitpunkt gekommen ist und eine günstige Konstellation sich von selbst ergibt; auf den Zufall zu warten, der den richtigen Moment beschert, und sich disponiert zu halten für ihn, damit er einhaken kann und nicht abgleitet an der Glätte des Subjekts, das ohne ihn auszukommen hofft.

Montaigne verkörpert am besten diese Gelassenheit des reflektierten Blicks von Außen, nämlich von der Höhe seines Turms, auf die Dinge der Welt und sich selbst. Er lässt seine Leidenschaften, auch seine eigene Eitelkeit, nachsichtig gewähren, und er lässt Anderen Raum, sich auf ihre eigene Weise zu entfalten. Bis zum Punkt der Selbstgefährdung hält er sich offen für das, was unvermutet auf ihn zukommt. Das Widerstehende nimmt er ebenso gelassen hin wie das Entgegenkommende, Angenehme, und er schickt sich in das immer währende Schaukeln der Dinge, das dafür sorgt, dass nichts bleibt, wie es war. Er lehnt sich nicht gegen Widersprüche auf, die die Existenz bestimmen; die grundlegende Widerspruchsstruktur erscheint ihm vielmehr als eine »natürliche Notwendigkeit«. Die gelassene Zurückhaltung des Urteils praktiziert er, um beide Seiten eines Widerstreits zunächst in ihrem Recht zu belassen und ihren Modus vivendi möglich zu machen, der ihm wichtiger erscheint als die Feststellung der Wahrheit. Auf diese Weise steht Montaigne nicht so sehr für die gestaltende, sondern für die *gelassene Lebensführung*. Zwar kommt es darauf an, das Leben selbst zu führen, jedoch auch darauf, diese Führung wieder zu lassen, um sich von Anderen, von den Umständen oder von »der Natur« führen zu lassen. Mit großer Gelassenheit geht Montaigne seinen Weg, und zwar mit ungleich längerem Atem als seine aufgeregten Zeitgenossen, die nicht sehen, »dass ich einen Weg eingeschlagen habe, auf dem ich ohne Ende und ohne Mühe immer weiter gehen werde«.

Aber nicht die Gelassenheit erwies sich als charakteristisch für die anbrechende Neuzeit und die Moderne. In der Moralistik fand sie, als heimatlos gewordener Rest der antiken Philosophie, nur ihren Rückzugsort, beispielsweise noch, nach Montaigne, in Baltasar Graciáns »Kunst des Seinlassens«. Aufgrund der Bewahrung antiker Traditionen in der christlichen Kultur hat sie die Jahrhunderte überlebt und kam ebenso in der klösterlichen Stille wie in der Verzückung eines Mystikers wie Meister Eckhart zum Vorschein, aber im Unterschied zu der antiken Gelassenheit wurde im christlichen Kontext Wert darauf gelegt, sich vom Selbst gänzlich zu lösen und Gott in sich wirken zu lassen, um inneren Frieden, Abgeschiedenheit von aller Welt, Ruhe und Stille zu finden. Es ging darum, alle irdischen Dinge fahren zu lassen, sich um nichts zu sorgen, den eigenen Willen aufzuheben und sich willenlos Gott anzuvertrauen. Die Gelassenheit des Christen beruht auf der Zuversicht auf den Beistand Gottes, und im Grunde entstammt sie nicht mehr dem Selbst, sondern verdankt sich der Gnade Gottes: Unter dieser Umkehrung der Vorzeichen wurde die Gelassenheit durch die Zeiten hindurch tradiert. Trügt aber der Eindruck, dass es eher dem östlichen, orthodoxen Christentum gelang, dies auch zu einer gelebten Wirklichkeit werden zu lassen, anders als den westlichen Kirchen, die hinter der Fassade der Gelassenheit und der Ergebenheit in Gott einen unerhörten Voluntarismus und Aktivismus freisetzten, der prägend für die Geschichte des Abendlandes geworden ist?

Die Ruhelosigkeit, mit der im Verlauf dieser Geschichte

das eigene Heil gesucht worden ist, der Eifer, der an den Tag gelegt wurde, um schon hienieden die Bedingungen für die Erlösung im Jenseits zu schaffen, die Unversöhnlichkeit, mit der Andersdenkende und Andersgläubige verfolgt wurden, um sie auf den rechten Weg zu bringen: All das zeugte nicht so sehr von Gelassenheit, sondern trug dazu bei, die aktivistische und voluntaristische Haltung hervorzutreiben, die nach erfolgter Säkularisierung im Zuge der Aufklärung anstelle des jenseitigen das diesseitige Heil zu realisieren suchte. Im 18. Jahrhundert bricht der revolutionäre Elan sich Bahn, der von irgendwelcher Ruhe und Muße, von Gleichmut und Gelassenheit nichts mehr wissen will. In der Literatur des »Sturm und Drang« zieht die Gelassenheit den Vorwurf auf sich, gefühllos, teilnahmslos und verständnislos angesichts der vorwärts stürmenden Leidenschaften zu sein. Unter Legitimationszwang gerät fortan, wer den eruptiven Leidenschaften sich verweigert; nicht Gelassenheit, sondern *Arbeit* wird zum Zauberwort der neuen Zeit, eine Arbeit aber, die nicht die gelassene Arbeit des Selbst an sich selbst ist, sondern die wütend-optimistische Umarbeitung der Welt mit wissenschaftlich-technischen Mitteln, eine durch nichts gehemmte Unterwerfung der äußeren Natur, die widerstandslos zum bloßen Material der Arbeit wird, um endlich die beste aller Welten zu schaffen und sie nicht erst im Jenseits zu erwarten.

Es ist Nietzsche, der, nicht ohne Pathos, jenseits der herrschenden Wertungen der neuen Zeit einer *stolzen Gelassenheit* das Wort redet und den Blick von Außen als Element der Gelassenheit geltend macht, um die Fixierungen seiner Zeit, die vordergründigen, ihrer selbst gewissen Wertungen und althergebrachten Vorurteile zu überwinden und die größtmögliche Distanz dazu zu gewinnen: »Mit einer ungeheuren und stolzen Gelassenheit leben; immer jenseits –«. Nietzsches

Gelassenheit, die freilich oft genug vom Gestus seines eigenen Philosophierens dementiert wird, beruht auf dem Rückgriff auf die antike Philosophie, um durch die Arbeit an sich selbst endlich jene Selbstmächtigkeit zu erlangen, die den gelassenen Umgang mit Affekten und Perspektiven und deren kalkulierten Gebrauch erlaubt: Er will sie »willkürlich haben und nicht haben« und »ihre Dummheit so gut wie ihr Feuer zu nützen wissen«.

An die definitive Nobilitierung und Erneuerung der Gelassenheit wagt sich im 20. Jahrhundert Heidegger – gewiss eine Reaktion auf die stürmische Entwicklung der industriellen und technischen Moderne, die nach einem Gegengewicht zu verlangen schien. Heidegger spricht zunächst von der *Verhaltenheit*, aus der dann der Begriff der Gelassenheit erwächst, und er versteht darunter nicht so sehr eine persönliche Befindlichkeit, sondern eine Befragung des gesamten geschichtlichen Menschseins; ein grundlegendes Umdenken soll die Verhaltenheit zum »Stil des künftigen Menschseins« machen. Er glaubt nicht daran, dass das Selbst die Gelassenheit aus sich selbst heraus gewinnen kann, vielmehr soll es sich auf die Weite, die »Gegend« einlassen, deren Erfahrung erst Gelassenheit hervorbringt. Gelassenheit entsteht überall dort, wo wir lernen zu »warten«, ohne etwas Bestimmtes zu erwarten; das Warten ist »einfach die Ruhe« und erlaubt die Offenheit des Denkens im Unterschied zu einem bestimmten Vorstellen. Wie von selbst gelangt Heidegger dabei in bemerkenswerte Nähe zu fernöstlichen Weisheitslehren und deren Art der Einübung von Gelassenheit etwa im Za-Zen.

Heidegger konzipiert die Gelassenheit in der Tat ausdrücklich als Antwort auf die Herausforderungen der technischen Moderne, und die Antwort ist nicht etwa die, die ihm zu Unrecht zugeschrieben wird: Es ist kein Nein zur technischen Welt, vielmehr ist die Rede von einem »gleichzeitigen Ja und Nein«: »Unser Verhältnis zur technischen Welt wird auf eine wundersame Weise einfach und ruhig. Wir lassen die technischen Gegenstände in unsere tägliche Welt herein und lassen sie zugleich draußen, d.h. auf sich beruhen als Dinge, die nichts Absolutes sind«. Im Unterschied zum Aktivismus und Voluntarismus der modernen Welt, zur Hysterie des technischen Tuns, eröffnet sich damit die neue Möglichkeit eines Lassens, das Heidegger die *Gelassenheit zu den Dingen* nennt. Es handelt sich um die Begründung einer freien Beziehung zur Technik, die ermöglichen soll, Technik zu gebrauchen, diesen Gebrauch jedoch auch lassen zu können, sowie die Frage nach dem Sinn der Technik offen zu halten und nicht einer bloßen Technikgläubigkeit zu frönen. Diese verschiedenen Aspekte der Gelassenheit, so meint Heidegger, »gewähren uns die Möglichkeit, uns auf eine ganz andere Weise in der Welt aufzuhalten. Sie versprechen uns einen neuen Grund und Boden, auf dem wir innerhalb der technischen Welt, und ungefährdet durch sie, stehen und bestehen können.«

Mag dies auch der Naivität bezichtigt werden können, so kommt hierbei zumindest die Idee einer Relativierung des modernen Aktivismus und Voluntarismus zum Ausdruck. Nicht mehr der Gestus des »Machens« um jeden Preis, des »Durchziehens« ohne Rücksicht auf Zusammenhänge herrscht hier vor. Die Gelassenheit kann Dinge wieder auf sich beruhen lassen, statt in sie einzugreifen; im Gegenzug offeriert sie eine Freiheit, die aus dem reduzierten Tempo des Lebens und dem verminderten Zeitdruck resultiert, und dem Subjekt erlaubt, wieder zur Besinnung zu kommen. *Dem Anderen Raum zu lassen,* dem Anderen in jedem Sinne, ist der Beitrag der Gelassenheit zur Raumzeitkultur einer anderen Moderne. Nicht auf dem Eigenen zu beharren, nicht um jeden Preis sich durchsetzen zu wollen, sondern Zeit zu haben für Andere und Anderes, Sinn zu haben für all das, was anders sein könnte, und Raum zu lassen für die Entfaltung von Anderen und Anderem: Die so verstandene Gelassenheit kann ein verändertes Verhältnis des Selbst zu sich, zu Anderen und zur Welt mit sich bringen und zum Grundelement einer ökologischen Lebenskunst werden. Fern davon, sich in einer naiven Gegenposition zur technischen Welt zu erschöpfen, erwächst diese neue Gelassenheit aus der Erfahrung des Umgangs mit der Technik selbst, und zwar gerade am avanciertesten Punkt der Technikentwicklung; sie trägt zu einer neuen »Technik des Lebens« bei, zu der die Philosophie der Lebenskunst die Grundlegung betreibt.

Der Lebensstil des ökologischen Selbst

Es handelt sich beim ökologischen Lebensstil nicht um jenes »naturgemäße Leben«, das in der Geschichte der Philosophie der Lebenskunst so häufig beschworen worden ist, sondern, modernen und andersmodernen Bedingungen entsprechend, um ein freies Leben, dem das Individuum aus Gründen der Klugheit die Form gibt, ökologischen Zusammenhängen Rechnung zu tragen und sich selbst in sie einzugliedern. Die vom Subjekt der Lebenskunst gewählten Stilelemente begründen die Praxis einer Lebensführung, die in ethischen Debatten bisweilen als nebensächlich abgetan wird, in Wahrheit aber selbst ein ethisches Fundament darstellt und ein »existenzieller Grund« ist. Die Lebensführung ins Zentrum zu rücken, bürgt dafür, den Übergang von der Theorie zur Praxis leichter zu finden, denn dieser Übergang bedarf nicht erst umständlicher Wege und Prozeduren, sondern liegt im Verfügungsbereich des jeweiligen Individuums selbst, und schließlich ist die Lebensführung flexibel genug, auf unterschiedliche Erfordernisse zu antworten, denen allgemeine Grundsätze kaum gerecht werden können. Die Wahl der Art und Weise der Lebensführung ist getragen von der Sorge des Selbst, sich um sich und die Zusammenhänge, in denen es lebt, zu kümmern. Im Laufe der Zeit mag zur ökologischen Lebensform zu gerinnen, was zunächst nur als Lebensstil in Erscheinung tritt, dessen Stilelemente vielleicht nur oberflächlich angeeignet werden. Zehn Aspekte können jedenfalls einen ökologischen Lebensstil charakterisieren:

1. Grundlegend für den ökologischen Lebensstil ist das *erweiterte Selbstverständnis*, das kennzeichnend für das Subjekt der Lebenskunst und seine Kohärenz ist und aus der Erfahrung des Blicks von Außen entscheidende Impulse bezieht.

Geleitet von diesem Selbstverständnis, übt das »ökologische Selbst« sich darin, über die unmittelbare Umgebung seiner »Umwelt« weit hinaus zu blicken und die eigene Existenz in übergreifenden Zusammenhängen wahrzunehmen. Mit seiner Entäußerung rettet das Selbst sich vor dem Einschluss in seine innere Welt und nimmt sich von Außen mit neuen Augen wahr. Die Möglichkeit, zwischen Innen- und Außenperspektive hin- und herzugehen, befördert die Reflexion, begründet einen überpersönlichen Standpunkt und schlägt die Brücke auch zu weit entfernten Individuen, Lebewesen und ökologischen Strukturen, sowie zu den Individuen künftiger Generationen und deren Lebensverhältnissen, die im Blickfeld des ökologischen Selbst bereits gegenwärtig sind.

2. Ökologisch zu leben heißt, vor diesem erweiterten Horizont ein *besonnenes Leben* zu führen, dasjenige Maß im Umgang mit Ressourcen und Techniken ausfindig zu machen, das ökologisch verträglich ist, Eingriffe in vorgefundene Zusammenhänge nur in dem Maße vorzunehmen, wie sie von diesen auch bewältigt werden können, und jede irreversible Schädigung zu vermeiden. In zahllosen Situationen liegt die Verantwortung dafür allein beim Individuum, das zudem mit der Wahl der Art seiner Lebensführung, mit seinem impliziten und expliziten Votum an der allgemeinen Meinungsbildung über die gesellschaftliche Bestimmung des besonnenen Maßes teilnimmt, mit dem – verbindlich oder unverbindlich – ein Richtwert für die Art der Nutzung von Ressourcen und Techniken installiert wird, an dem die Umgestaltung gesellschaftlicher Strukturen und Institutionen orientiert werden kann.

3. Die *Asketik* als Selbstgestaltung mithilfe subjektiver Techniken ermöglicht dem ökologischen Selbst, Selbstmächtigkeit zu gewinnen und eine eigene Macht im Um-

gang mit objektiven Techniken und Technologien ins Spiel zu bringen. Die asketische Selbstmächtigkeit verhilft somit zur Macht über jene Macht, die zur »Herrschaft über die Natur« erstarrt ist und in unkalkulierten technischen Eingriffen in ökologische Zusammenhänge ihren Ausdruck gefunden hat; sie vermittelt Macht über die Macht der Technik, der das Subjekt ansonsten ohnmächtig unterworfen bliebe. Das ökologische Selbst ist nicht unbedingt geleitet von der Maxime, sich des Gebrauchs von Techniken gänzlich zu enthalten; mit seiner Selbstmächtigkeit behauptet es vielmehr einen eigensinnigen, reflektierten, zurückhaltenden und kalkulierten Einsatz von Techniken, auch den bevorzugten Einsatz dezentraler Kleintechnik gegenüber den zentralisierten Großtechniken, die lange Transportwege bedingen und Monopolbildungen begünstigen.

4. Zur Entfaltung des ökologischen Lebensstils ist die *Reflexion der eigenen Gewohnheiten* erforderlich, denn die gedankenlose Wahl und der gewohnheitsmäßige Gebrauch und Verbrauch von Stoffen und Dingen ist in vielen Fällen ökologisch relevant. Mehr noch als übergreifende anonyme Mächte stehen überkommene Gewohnheiten einem ökologischen Lebensstil entgegen. Jede noch so unscheinbare Alltagshandlung gilt es daher auf ihre ökologischen Konsequenzen hin zu überprüfen – man rührt dabei an die Banalitäten des Lebens, die zu Unrecht als trivial abgetan werden. Das bloße Wissen um die Notwendigkeit von Veränderungen genügt nicht zur Heranbildung eines ökologischen Lebensstils, vielmehr bedarf es der regelmäßigen, nachhaltigen Einübung veränderter Gewohnheiten und Verhaltensweisen, die mithilfe der Asketik zur »zweiten Natur« des Selbst werden.

5. Das lebenskluge Subjekt, das ökologische Veränderungen initiiert, ist nicht mehr nur ein ökonomisch berechnendes Subjekt, sondern ein ökologisch kalkulierendes Selbst,

das den Übergang vom bloßen Konsumverhalten zum bewusst gewählten Lebensstil, *vom Verbrauch zum Gebrauch* vollzieht. Von der vielsagenden Definition des modernen Subjekts als »Verbraucher« kehrt es sich ab, um stattdessen zum andersmodernen »Gebraucher« von Ressourcen und Produkten, Dingen und Techniken zu werden. Der sorgsame Gebrauch ist die vorsichtige und pflegliche Art, mit Dingen und Stoffen umzugehen, während beim Verbrauch deren Verschleiß um einer momentanen Bedürfnisbefriedigung willen in Kauf genommen wird. Dass die Ökonomie marktwirtschaftlich verfasst ist, hindert niemanden an einem ökologischen Lebensstil des Gebrauchs; gerade marktwirtschaftliche Elemente sorgen vielmehr für die Rückwirkung des gewählten Lebensstils auf ökonomische Verfahrensweisen, dergestalt, dass der Gebrauch und das bewusste Verhalten der Gebraucher ins ökonomische Kalkül gezogen werden muss.

6. Wenn nicht der Verbrauch, sondern der Gebrauch den individuellen und gesellschaftlichen Lebensstil prägt, rücken von selbst die Zyklen wieder ins Bewusstsein, die vom konsumtiven Denken und Handeln achtlos übergangen worden sind. In verschiedener Hinsicht ist der ökologische Lebensstil durch eine *Rezyklierung* charakterisiert, die bei weitem nicht nur das »Recycling«, die Rückführung von Dingen und Stoffen in Kreisläufe meint, um sie von neuem zu gebrauchen, sondern auch eine neue Aufmerksamkeit auf die verschiedensten Lebenszyklen umfasst. Das Wissen von der Zyklizität der Stoffe und Elemente, das Bewusstsein, dass deren Kreisläufe mitten durch das Selbst hindurchgehen, belässt das moderne Monadensubjekt nicht als dasselbe, sondern öffnet es und macht es zu einem Moment in der Kreisbewegung: Rezyklierung des Subjekts im wirklichen Sinne. Das Wissen von den Zyklen des Lebens muss nicht erneut, wie in prämodernen Kulturen des Raums, religiös verklärt werden,

um in einer andersmodernen Raumzeitkultur zur Geltung zu kommen; es wird von selbst zur Triebfeder jener Rezyklierung der Zeit, die die Zyklizität wieder in die Konzeption der Zeit einführt, aus der sie vom Zeitstrahl der modernen Zeit verdrängt worden war.

7. Die Rezyklierung ist der entscheidende Beitrag zu einem Lebensstil der Nachhaltigkeit und *Dauerhaftigkeit* (*sustainability*), von der in der gesamten Ökologie-Diskussion so nachhaltig die Rede ist. Dauerhafter Lebensstil meint, das individuelle Tun und Lassen in einem umfassenderen zeitlichen Horizont zu sehen und unter diesem Aspekt die Frage zu stellen, ob das Leben bejaht werden kann. Dies wirkt der Einschmelzung des Zeithorizontes auf den Punkt der Gegenwart entgegen, an den die Individuen durch das Versprechen der modernen Ökonomie gewöhnt worden sind, sämtliche Bedürfnisse schon im Augenblick ihres Auftretens befriedigen zu können, sodass es sinnlos erscheint, noch einen Horizont des Künftigen aufrechtzuerhalten. Sich von diesem Vergessen des Künftigen wieder zu lösen, ist das Anliegen der Suche nach einem Lebensstil, der selbst bei kleinen und kleinsten Dingen, die gewöhnlich als vernachlässigenswert erscheinen, die dauerhafte Bewahrung ökologischer Zusammenhänge und damit der Lebensgrundlagen im Blick hat.

8. Ein aufmerksamer und pfleglicher Umgang des Selbst mit dem eigenen Körper macht die *Ökologie des Körpers* zum Bestandteil des ökologischen Lebensstils. Der Körper, der gesamte Leib, ist selbst ein Ökosystem; die Ökologie der Biosphäre im Ganzen und deren Gefährdung spielen sich zugleich innerhalb des Körpers ab, denn Menschen leben nicht als separate Wesen auf dem Planeten, sondern betreiben unentwegt Stoffwechsel mit ihm, atmen ihn, trinken ihn, essen ihn und scheiden ihn aus. Zu den Stoffen, deren Kreisläufe

durch den Körper hindurchgehen, zählen ebenso die Schad-
stoffe, die vom Menschen selbst produziert werden. »Wenn
wir auf so vertrautem Fuße mit diesen chemischen Stoffen
zu leben gedenken – sie essen, trinken und sie selbst ins Mark
unserer Knochen aufnehmen –, sollten wir wohl etwas von
ihrer Natur und ihrer Wirkungsweise wissen« (Rachel Car-
son). Mit der Ökologie des Körpers könnte eine Diätetik der
Lebenskunst neu begründet werden – nicht etwa, um einer
hypochondrischen Gesundheitslehre zu frönen, sondern um
darauf aufmerksam zu sein, welche Stoffe auf welche Weise
im Körper wirken und wie sie zu dosieren sind zwischen
einem Zuviel, das als Gift wirken, und einem Zuwenig, das
sich als lebensbedrohlicher Mangel auswirken kann, wie dies
nicht nur für künstlich hergestellte, sondern auch für natürlich vorkommende Stoffe gilt; selbst der Sauerstoff, von Menschen eingeatmet, ist auf längere Sicht »negativ«, nämlich
tödlich. »Doch ihn nicht einzuatmen, führt noch schneller
zum Tod« (James Lovelock).

9. Der ökologische Lebensstil zeichnet sich durch einen
Genuss des Lebens aus, dessen Voraussetzung die volle Entfaltung der Sinne ist. Der Genuss bedarf lediglich einiger
Inseln der Muße im selbst erzeugten Stress, er bedarf nicht so
sehr der Luxusgüter, über die zu verfügen nur den Eindruck
ins Selbst eingräbt, dem wahren Lebensgenuss fern zu sein,
das Leben nicht wirklich zu leben, es »nicht zu spüren«. Wer
die exzessive Verschwendung äußerer Ressourcen nötig hat,
um Lüste zu genießen, hat keine inneren. Der ökologische
Lebensstil aber, der einen Begriff vom schönen und bejahenswerten Leben zu geben vermag, mutiert zum existenziellen Argument, das mehr Überzeugungskraft für Andere in
sich birgt, das Leben zu ändern und ökologisch zu gestalten,
als so manches Sachargument. Ein eigener, exorbitanter
Genuss resultiert aus der Wahrnehmung und Reflexion des

enormen Reichtums und der Vielfalt ökologischer Zusammenhänge sowohl in der Makro- als auch der Mikroperspektive; dies motiviert im Gegenzug wiederum die Sorge, sich die Quelle des Genusses zu erhalten.

10. Charakteristisch für den ökologischen Lebensstil ist schließlich die *Gelassenheit*, die ein möglicher Bestandteil der reflektierten Lebenskunst ist, und die zugunsten eines Lassens auf das Machen, Wollen, Gestalten zumindest sporadisch zu verzichten bereit ist. Gelassen verhält das Subjekt sich zur äußeren Ökologie der Welt wie auch zur inneren seiner selbst, indem es den vitalen Zusammenhängen Raum und Zeit lässt, ihr Ineinanderwirken selbst zu finden, und sich selbst in sie einfügt. Mit dem Blick von Außen vermag es den eigenen Ort in einem umfassenderen Horizont zu sehen und sich Zeit zu lassen für das, was aus der Distanz als wesentlich erscheint. Gelassenheit lässt sich so auch angesichts der vielen »Krisen« bewahren, die aus guten Gründen nicht enden wollen, da sie konstitutiv für das Leben sind, dessen Beständigkeit die Veränderung ist; Gelassenheit erst recht gegenüber der ökologischen Krise, denn selbst wenn die Existenz des Menschen durch sie bedroht sein sollte, spricht nichts dafür, die ökologische Umgestaltung anders zu begründen als durch die freie Wahl der Individuen, die von nichts und niemandem zu ihrem »Glück« zu zwingen sind. Ultimative Gelassenheit: Die Existenz der Menschheit ist kein absoluter Selbstzweck, der den Einsatz beliebiger Mittel rechtfertigen würde.

Lebenskunst im Cyberspace

Dies ist, neben der Ökologie, die andere große Herausforderung für eine neu zu begründende Lebenskunst: Das Leben in einem Raum, den es in dieser Form in der Menschheitsgeschichte nie gegeben hat und für den demzufolge nie irgendwelche Sensibilität ausgebildet werden konnte. »Unsere Umwelt bestand noch vor kurzem aus Dingen: aus Häusern und Möbelstücken, aus Maschinen und Fahrzeugen, aus Kleidern und Wäsche, aus Büchern und Bildern, aus Konservenbüchsen und Zigaretten. (...) Das ist leider anders geworden. Undinge dringen gegenwärtig von allen Seiten in unsere Umwelt, und sie verdrängen die Dinge. Man nennt diese Undinge ›Informationen‹« (Vilém Flusser). Informationen bevölkern eine neue Welt, die nur informell, nicht reell im herkömmlichen Sinne existiert, und die dennoch eine Realität darstellt. Neben Informationen, die Sinn und Bedeutung mit sich führen, die, wie in früheren Zeiten, zur Orientierung der Lebensführung dienen können, finden sich Myriaden von Informationen ohne jeden Sinn, die gespeichert sind, abgerufen werden können, neu produziert werden und sich selbst reproduzieren; sie überfluten Kommunikationskanäle und Datenautobahnen und schaffen einen unermesslich großen und doch völlig unsichtbaren Raum, über dessen Bewertung man trefflich streiten kann, nicht aber über dessen Existenz: Es ist der kybernetische Raum, *Cyberspace* im umfassenden Sinne, dessen Sichtbarkeit sich auf den Bildschirm reduziert, auf dem die Informationen erscheinen, die im Netz, im »System« gespeichert sind und zirkulieren – ein virtueller Raum, ein Raum der Imagination, der kaum wirklichen Raum im herkömmlichen Sinne beansprucht.

So beginnen die Menschen in zweierlei Räumen zu

leben: Nicht mehr nur im extensiven der Ausdehnung, sondern auch im kybernetischen der Information – zweifellos noch ein Erbgut der cartesianischen Differenz von *res cogitans* und *res extensa*, und wohl auch der endgültige Triumph der kognitiven Welt über die wirkliche, von der niemand mehr so recht zu sagen weiß, was sie ist, denn sie ist bei weitem nicht mehr nur das, »was der Fall ist«. Mit wachsender Verbreitung der Informationstechnologien leben die Individuen in einem fiktionalen Raum, der gleichwohl eine Erfahrung ist, in einer virtuellen Welt, die gleichwohl real ist, die wirklich ist, ohne »da« zu sein. Die Menschen haben schon unter verschiedenen Himmeln gelebt, Himmeln, die von Gott und den Göttern, von Sternen und den Gesetzen ihrer Bewegung bevölkert waren, die alle die Führung des Lebens beeinflussten. Nun aber ist dieser Himmel ein digitalisierter, durchblitzt von Informationen, die, von Satelliten vielfach reflektiert, von der einen zur anderen Seite des Planeten zucken; Sternschnuppen, die erneut auf die Haltung und das Verhalten einwirken: Der digitale Himmel über mir, die virtuelle Lebenskunst in mir …

Der virtuelle Raum, einer der Räume, die der Raumzeitkultur der anderen Moderne zugrunde liegen, stellt die Begriffe von Raum, Zeit, Selbst und die Zusammenhänge zwischen ihnen auf neue Weise in Frage, denn über deren Bestimmung befinden nicht mehr allein Subjekte, sondern die neuen Technologien, die selbst Subjektfunktion wahrnehmen, hinter denen sich aber wiederum die Subjekte, die sich ihrer bedienen, verbergen. Der Status der Subjektivität ändert sich in ein *Gleiten* – Gleiten zwischen Subjekt und Objekt, Gleiten zwischen Sosein und Anderssein, Gleiten in der Zeit, deren festes Raster sich aufzulösen scheint, Gleiten im Raum, der die lichtschnelle Durchquerung gestattet und virtuell unendlich ist. Dies ist erfahrbar im Cyberspace, in dem das Selbst sich bewegt und in den hinein der gesamte ausgedehnte Raum tendenziell sich aufzulösen beginnt. Alle möglichen Realitäten können erfahren, alle Perspektiven erprobt, alle Situationen vorweg durchgespielt werden; sie werden virtuell wirklich, quasi-sinnlich erlebbar – eine wahrhaft »utopische« Dimension, die keines Ortes mehr bedarf und sich vollkommen von der Unmittelbarkeit der Gegenwart und der Enge des herkömmlichen Raums zu lösen vermag, um »das Andere« Realität werden zu lassen. Eine ganze neoromantische Bewegung hat sich vor diesem technologischen Hintergrund bereits entfaltet.

Es handelt sich um ein Produkt menschlicher Gestaltung, also ist die virtuelle Welt fraglos ein Bestandteil der Kultur. In Frage steht jedoch, ob sie zum Bestandteil von Lebenskunst werden kann, inwiefern sich mit den Technologien der Information das individuelle Leben gestalten lässt, ob sie zum Bestandteil von Lebenskunst werden können und welche Bedeutung für die Lebensführung ihnen zuzumessen ist. Die verschiedenen *Arten der Lebensführung* können in der Tat auch auf die Navigation im kybernetischen Raum bezogen werden: Ein unzweifelhafter Gewinn ist der Gebrauch der Informationstechnologien zunächst für die *verwaltende Führung* des Lebens, insofern die Bewältigung alltäglicher Aufgaben und Anforderungen erleichtert wird. Besorgungen und Geschäfte können elektronisch abgewickelt werden, und es besteht Zugang zu allen Angeboten der Bedürfnisbefriedigung an jedem Ort und zu jedem Zeitpunkt, wirklich oder virtuell. Mit elektronischer Hilfe sind Informationen in kürzester Zeit über große Entfernungen zu transportieren, die Informationen ganzer Enzyklopädien und Bibliotheken lassen sich leicht erschließen. Der private kybernetische Raum wird mit dem öffentlichen im »Internet« vernetzt, in dem die Beschaffung, die Verbreitung und der Austausch von Informationen weltweit stattfinden: Ein unentwegt expandierender, dezentraler Kommunikationsraum, der eigene Möglichkeiten und Erfahrungen des Lebens bereithält. Die universelle Vernetzung sorgt dafür, dass durch die bestehenden Gesellschaften hindurch andere, virtuelle, als Vorboten der künftigen Weltgesellschaft entstehen können. Denkbar ist die elektronische Existenz, bei der das Individuum das Netz seiner Beziehungen und sein Weltverhältnis weitgehend im virtuellen Raum unterhält. Die Dominanz von Fernbeziehungen hat dabei keineswegs ein Verschwinden von Nahbeziehungen zur Folge, denn gerade im Umfeld unpersönlicher Informationstechnologien gewinnt, so lässt sich beobachten, Persönliches erneut an Bedeutung: Der Raum dafür wird frei, da die unpersönlichen Alltagsgeschäfte dem »System« überantwortet werden können; und das Bedürfnis danach wächst im selben Maße, wie die Möglichkeit zum persönlichen Umgang schwindet; im Übrigen ist die persönliche Hilfestellung Anderer unverzichtbar, um sich in der komplexen und komplizierten Welt der Informationstechnologien zurechtzufinden.

Die *orientierende Führung* ist zuvörderst damit befasst, aus dem maßlosen Überangebot an Informationen diejenigen herauszufiltern, die für die Lebensführung von Bedeutung sein können. Das Subjekt der Lebenskunst muss im Informationszeitalter permanent und zuweilen willkürlich wählen, will es in der Flut der Daten nicht untergehen. Es kann sich hierfür erneut technologischer Hilfe (von Suchmaschinen und Metasuchmaschinen) bedienen, aber das eigentliche »Informationsmanagement« bleibt ihm selbst überlassen. Grundsätzlich ist es nicht mehr wichtig, Wissen zu »haben«, sondern zu wissen, wo und wie es zu haben ist, sodann den Mut zur Auswahl zu haben und Hierarchien der Wichtigkeit zu bilden, denn nur weniges ist wirklich wichtig und nur eines tut not: Das Leben so zu führen, dass es zum erfüllten Leben wird. Wenn Information und Kommunikation jedes Maß übersteigen, wird es für die Lebensführung zur Pflicht, sie zu reduzieren und den Raum der Reflexion wiederzugewinnen. Auf die Überflutung antwortet die existenzielle Reduktion, die Zurückführung der Dinge auf ihre existenzielle Wichtigkeit für das Selbst, um all dem, was als wichtig eingestuft wird, überproportionale Aufmerksamkeit zukommen zu lassen. Die existenzielle Reduktion sorgt nicht nur für eine Vereinfachung der Vielfalt, sondern ermöglicht auch ein gelassenes Leben inmitten der Komplexität; Grundlage dafür ist jedoch der wählerische Umgang mit Information und Kommunikation, bis hin zur Verweigerung, selbst auf die Gefahr hin, dann als therapiebedürftig zu gelten, da der elektronische Diskurs nur uneingeschränkt kommunikative Subjekte anerkennen kann.

Was die *gestaltende Führung* angeht, so ersetzt der Blick auf den Bildschirm als paradigmatische Verhaltensweise des »informierten Menschen« nicht die Ausarbeitung individueller Formen und Stile des Lebens; der Blick wird vielmehr selbst zur Lebensform und zum Stilelement. Die Erfindung eines individuellen Gebrauchs setzt der Entgrenzung durch Information und Kommunikation eine bewusste, kalkulierte Begrenzung entgegen und stellt so die Form wieder her. Die Nutzung der neuen Technologien eröffnet der Lebens- und Selbstgestaltung mindestens so viele Möglichkeiten wie die herkömmlichen Medien der Schrift; zugleich kann ihr selbsttechnologischer Gebrauch dazu beitragen, der Gefahr einer bloßen Unterwerfung des Selbst unter die technologischen Bedingungen zu entgehen. Der kybernetische Raum hält unerhörte Möglichkeiten des Experiments und des virtuellen Flanierens bereit, um andere Wirklichkeiten zu erschließen, Veränderungen denkbar und selbst erfahrbar zu machen. Die neuen Technologien können bewusst eingesetzt werden, um auf sich selbst einzuwirken, »interaktiv« sich zu üben, sich zu bilden und zu transformieren. Ein neuer Raum der Kreativität eröffnet sich mit den Möglichkeiten zur Gestaltung eines Materials, das aufgrund seiner Immaterialität leichter und umfänglicher bearbeitet werden kann als bei herkömmlichen Gestaltungsprozessen; zugleich ist diese äußerliche Arbeit auch hier eine Arbeit des Selbst an sich, gemäß dem Grundsatz des alten »fabricando fabricamur«: Etwas gestaltend, gestalten wir uns selbst. Eine weitere Möglichkeit der selbsttechnologischen Nutzung läuft dagegen Gefahr, die pedantische stoische Selbstbuchhaltung auf neue Weise wieder aufzunehmen und der Personalbuchhaltung in postmodernen Betrieben allzu sehr zu ähneln: Der rechnergestützte »Profilabgleich« würde das jeweils mit einer Fülle von Daten aktualisierte Profil des Individuums in Bezug zum Profil seiner eigenen Sollvorstellung setzen, um eine elektronisch kontrollierte Angleichung des Ist-Zustandes an den Soll-Zustand zu vollziehen. Tröstlich, dass die Systeme gelegentlich »abstürzen« und die Rückkehr zu archaischen Selbsttechnologien begünstigen, wie etwa einen Brief per Hand zu schreiben oder, wie in alten Zeiten, ein wirkliches Buch zu lesen; gerade die altertümliche Kulturtechnik des Buches verschwindet keineswegs unter dem Ansturm der digitalen Information, sondern gewinnt die Aura der besonderen, sinnlichen Erfahrung einer anders organisierten Welt der Information.

Am interessantesten ist zweifellos die *gelassene Führung* im kybernetischen Raum. Gelassenheit meint hier zuallererst die grundsätzliche Möglichkeit des Seinlassens: Das Subjekt der Lebenskunst macht es zu einer Frage der Wahl, ob überhaupt und welche Technologien es gebraucht, wann und wann nicht, auf welche Weise, bis zu welchem Punkt, für welchen Zweck, um deren Möglichkeiten zu nutzen, ohne sich ihnen gänzlich zu unterwerfen. Interaktivität ist eine Option, Interpassivität eine andere. Die Wahrung einer Reserve, die Aufrechterhaltung einer skeptischen Distanz ist nötig, um einem Totalitätsanspruch der Technologien zu entgehen und sich andere Möglichkeiten der Lebensgestaltung offen zu halten. Gelassenheit kann jedoch auch bedeuten, die Führung seiner selbst im kybernetischen Raum auf gezielte Weise sein zu lassen, um sich der leidenschaftlichen Erfahrung des neuen Raums ganz zu überlassen. Das Heraufkommen einer neuen, alte Formen sprengenden Leidenschaft ist ein faszinierendes, singuläres Ereignis in der Geschichte; um den Umgang mit ihr einzuüben, muss sie erst nach allen Seiten hin erfahren werden; das Selbst, das durch diese Erfahrung in Frage gestellt wird, muss sich auf neue Weise erst finden. Gelassenheit meint ferner, das System arbeiten zu lassen und dadurch den Freiraum zu gewinnen, in dem die Kreativität des Selbst sich entfalten kann, entlastet von den Aufgaben der Aufbewahrung von Datenmaterial und der Informationsverarbeitung, die, soweit möglich, aus dem Denken des Selbst »ausgelagert« werden. Im Schatten der mit Lichtgeschwindigkeit ablaufenden Prozesse wird die Haltung der Besinnung zum Luxus, den das Selbst sich leisten kann; dem freien Denken wieder Raum zu geben, wird zum Gegengift gegen die Versuchung, das gesamte Denken dem algorithmischen Verfahren anzugleichen und womöglich von der Lebensführung dasselbe Maß an Folgerichtigkeit, wenn auch vergebens, zu erwarten.

Soweit Gelassenheit aber meint, sich von Anderen führen zu lassen, wirft dies hier in höherem Maße als sonst die Machtfrage auf und sorgt für eine neue Erfahrung von Ohnmacht, denn die Selbstmächtigkeit, die dem Individuum aufgrund der Verfügung über den unendlichen kybernetischen Raum zuwächst, wird konterkariert durch die Erfahrung, der Führung durch Andere in diesem Raum ausgeliefert zu sein. Eine Kulturkluft tut sich auf zwischen denjenigen, die die Technologie in verschiedener Hinsicht »beherrschen«, und denen, die von der Technologie und mithilfe der Technologie beherrscht werden. Um sich Anderen nicht nur zu überlassen, muss eine eigene Informationskompetenz erarbeitet werden; ansonsten bleibt nur die Alternative, sich der »Infoelite« anzuvertrauen: So nennen sich bereits die Schleusenwärter der Information. Misstrauen, nicht Gelassenheit ist da am Platz. Fragen sind unentwegt zu stellen: Wer regelt den Zugang zum kybernetischen Raum, mit welchen Mitteln? Wer hat »Cyberpower«? Wie werden Informationen kanalisiert? Wer verfolgt damit welches Interesse? Welche Manipulation kann selbst hinter einer bloßen »Sachinformation« stecken? In pragmatischer Hinsicht kommt es darauf an, der Virtualisierung der Wirklichkeit Rechnung zu tragen, deren Grundstrukturen besser zu durchschauen und Erkenntnisse darüber zu gewinnen, wie Realität nun neu hergestellt wird. Wenigstens in der kritischen Fragestellung liegt noch die Behauptung einer eigenen Macht des Selbst gegenüber den Technologien, bei denen gerade hinter dem samtweichen Versprechen der Kommunikation sehr harte Machtinteressen sich abzeichnen. Eine bestimmte Ohnmachtserfahrung ist allerdings allen Beteiligten gemeinsam: Dass nämlich im Vergleich zum wachsenden Raum der virtuellen Möglichkeiten von Information und Kommunikation der Raum zu ihrer Realisierung immer enger wird.

Fitness? Wellness?
Gesundheit als Lebenskunst

Was sich als Signum dieser sich selbst schlagenden und überschlagenden Zeit festhalten lässt, ist, inmitten der großen Herausforderungen, ein außergewöhnlich starkes Bedürfnis nach Fitness, Wellness, überhaupt »Gesundheit«. Gerade von einer Lebenskunst wird erwartet, dazu etwas zu sagen zu haben. Es ist freilich schwierig, über Gesundheit zu sprechen, denn es lässt sich nicht genau sagen, was das ist. Sie lässt sich am ehesten in Abhebung gegen »Krankheit« verstehen: Gesund sein heißt, nicht krank zu sein. Dass Gesundheit ein kostbares Gut sein kann, wissen am besten die Kranken, und diese Erfahrung macht wiederum den Wert des Krankseins aus. Eine simple, lebenspraktische Unterscheidung lautet so: Der Gesunde hat tausend Wünsche, der Kranke aber nur einen, nämlich wieder gesund zu werden. Also kommt der Gesundheit im Leben des Einzelnen eine gewisse Bedeutung zu, und sie ist verbunden mit einer Erfahrung, die von Individuen grundsätzlich eher gesucht wird als die gegenteilige.

Provisorisch könnte Gesundheit definiert werden als: reibungsloses Funktionieren des Organismus, Wohlgeordnetheit der Psyche. Krankheit wäre dann: Dysfunktionalität, Störung der Ordnung. Aber ist in allen Fällen klar, was Ordnung und was Störung ist? Was ist, wenn die Ordnung nichts anderes ist als eine von Menschen gesetzte Norm, deren Verletzung dann die Störung ist? Und wieviel Störung braucht eine Ordnung eventuell, um gut funktionieren zu können? Gesundheit als Lebenskunst zu thematisieren, macht zuallererst erforderlich, ein allzu oberflächliches Verständnis von Gesundheit und eine normative Setzung ihres Werts kritisch zu befragen, um möglichst auszuschließen, zum naiven Opfer bloßer Definitionen und möglicherweise unsinniger Normen zu werden. Es hätte ja wohl keinen Sinn, die erstrebte Gesundheit auf Grundlagen zu stellen, die selbst krank wären und Krankheit generierten. Grundlegend für die Lebenskunst dürfte hier wie auch in anderen Zusammenhängen sein, keine *Heteronomie* ohne weiteres zu akzeptieren, sondern *Autonomie* zu erlangen zu suchen.

Das bedeutet jedoch, dass Gesundheit und Gesunderhaltung eben *nicht* von vornherein als ein Anliegen der Lebenskunst behauptet werden können. Die Gesundheit ist nicht von selbst schon ein Wert, Gesunderhaltung nicht eine unbedingt zu befolgende Norm. Grundsätzlich ist es eine Frage der Wahl, ob der Gesundheit Wert zugemessen wird und, wenn ja, welcher Wert, und wie dieser inhaltlich ausgefüllt sein soll: Fragen der Selbstgesetzgebung, der Autonomie im Wortsinne. Damit antwortet die Lebenskunst auf die Situation der Moderne, in der alles zu einer Frage der Wahl wird, auch die Gesundheit. Heißt das, dass Menschen in nichtmodernen Kulturen keine Wahl haben? In der Tat, insofern sie eingebettet sind in Traditionen und Konventionen, in deren Rahmen sie fraglos das Leben leben, wie es eben gelebt wird.

Vielleicht erscheint es befremdlich, so anzusetzen, als wäre der Wert der Gesundheit und ihr Inhalt eine Frage der Wahl; vielleicht erscheint dies als wirklichkeitsfern. In Wahrheit befindet man sich damit inmitten von Wirklichkeit, denn ganz offenkundig gibt es viele Individuen, die durch ihr Verhalten die von ihnen getroffene Wahl alltäglich manifestieren. Wenn es beispielsweise zutrifft, dass Rauchen und Trinken beim Überschreiten eines gewissen Maßes (auch wenn dies für jedes Individuum ein anderes ist) ein erhöhtes Risiko lebensgefährlicher Krankheiten mit sich bringen kann, dann kann es sich bei diesem Verhalten nicht um eine Wahl der Gesundheit handeln. Also haben diese Individuen existenziell die Krankheit gewählt? Vielleicht haben sie keine aktive, bewusste Wahl getroffen – aber auch eine passive, bewusste oder unbewusste Wahl ist letztlich eine Wahl, die Konsequenzen nach sich zieht, die von einem einzigen, bestimmten Menschen zu tragen sind, von niemandem sonst; von Anderen abgesehen, die mit betroffen sein könnten.

Es gibt kein absolutes Argument, das dagegen spräche, die eigene Gesundheit vorsätzlich in Gefahr zu bringen; sinnvoll wäre lediglich, rechtzeitig die möglichen Konsequenzen zu kennen und sie dann auch, sollten sie eintreffen, auszuhalten. Für die Lebenskunst ist es wichtig, den Punkt der *existenziellen Wahl* zu erkennen und zu wissen, dass es sich nicht um eine beiläufige Einzelwahl, sondern um eine Fundamentalwahl handelt. Eine solch tiefgreifende, die ganze Existenz betreffende Wahl sollte entsprechend sorgfältig vorbereitet sein; sinnvollerweise wird sie auf der Basis von Klugheit getroffen, diese wiederum bedarf der Ausbildung einer Sensibilität, in der der Intellekt und das Gespür zusammenwirken, um mit Rücksicht, Umsicht, Vorsicht und Voraussicht an die Wahl heranzugehen, mit einem Blick für die möglichen Konsequenzen, die klugerweise frühzeitig bedacht werden.

Die Wahl gilt ferner der Festsetzung dessen, was, wenn die Gesundheit grundsätzlich als *Wert* gewählt worden ist, inhaltlich als gesundes *Maß* angenommen werden soll, um nicht blind nur geltenden Gesundheitsnormen Folge zu leisten, unter welchen Namen diese auch firmieren mögen: Fitness, Wellness, Weight Watching etc. Zahllose Menschen, Frauen und Männer, trainieren ihre Körper in Fitness-Studios. Was sie dort bearbeiten, sind vorzugsweise die so genannten »Problemzonen«, wobei sich die Probleme, kurz gesagt, dort ergeben, wo die individuellen Körpermaße nicht mit den vermeintlichen Idealmaßen übereinstimmen. Für die Gesundheit als Lebenskunst geht es um die bewusst getroffene individuelle Wahl, für die es keine anderen Kriterien gibt als die eigenen Vorstellungen vom Selbst und seinen Proportionen. Die einzige Grenze, die zu überschreiten man sich füglich hüten sollte, ist nur die des Ekels, des Ekels vor sich selbst, auch des Ekels, den Andere empfinden, an deren Wertschätzung dem Selbst sehr liegt.

Die Wahl kann verständlicherweise nicht auf einen Ausschluss von Krankheit per gewählter Gesundheit zielen. Auch wenn der Gesundheit der höhere Wert zugemessen wird, ist mit dem *Widerspruch von Gesundheit und Krankheit* in jedem Fall zu leben. Gesundheit und Krankheit weisen die Widerspruchsstruktur des Lebens auf, die aufheben zu wollen wohl nicht nur den Charakter der Vergeblichkeit an sich hätte, sondern fragwürdige Konsequenzen mit sich brächte: Wenn es etwa gelänge, Krankheit definitiv zu eliminieren, wäre wohl keineswegs reine Gesundheit die Folge. Wie hartnäckig die Widerspruchsstruktur sich hält, lässt sich jedenfalls daran ablesen, dass die bemerkenswerten Anstrengungen in der Geschichte der Moderne, Krankheiten auszurotten, sich noch immer damit konfrontiert sahen, dass neue Krankheiten ans Licht kamen. Diese Einsicht muss nicht dazu führen, die Bekämpfung von Krankheiten aufzugeben, könnte aber zur Folge haben, diese Bekämpfung nicht mehr unbedingt mit der Illusion des dereinst möglichen »Endsieges« auszustatten.

Anders gewendet, relativiert sich der Widerspruch von Gesundheit und Krankheit jedoch, ja man könnte sogar formulieren: *Das Gegenteil zu Gesundheit ist nicht Krankheit.* Die Problematik der beiden Begriffe ist zunächst: Sie werden als Gegensatzbegriffe verwendet, die sie im absoluten Sinne nicht sind, da es Überschneidungen zwischen ihnen gibt. Es kann ein Aspekt der Gesundheit sein, krank zu werden, und es kann krank sein, unter problematischen Bedingungen um jeden Preis gesund zu bleiben. Wenn Gesundheit als Lebens-kunst thematisiert wird, dann kann Krankheit durchaus als ihr Element gelten: Es gibt in der Tat so etwas wie Heilung durch Krankheit. Krankheit kann eine Chance sein, die Selbstbeziehung wieder zu gewinnen, die verloren gegangen ist; sich selbst die Aufmerksamkeit zu widmen, derer man bedarf; achtsam zu sein, ein pflegliches Verhältnis zu sich selbst zu begründen und die Selbstfreundschaft zu suchen, um so den inneren Zusammenhalt zu stärken, der auch äußerlich das Selbst zu tragen vermag. Krankheit kann eine Möglichkeit sein, notgedrungen die Muße zu finden, die erforderlich ist, um dem Sinn des Lebens wieder nachzu-spüren und nach dem Schönen zu fragen, das der Leitstern dieses Lebens sein kann. Wenn dies zutrifft, dann ist das Gegenteil zu Gesundheit nicht Krankheit, sondern *Sorglosig-keit* im Hinblick auf sich selbst und das eigene Leben. Von initialer Bedeutung für die Gesundheit als Lebenskunst ist daher die *Sorge des Selbst um sich*.

Es ist die Sorge des Selbst, die sowohl das epistemische (bewusstseinsmäßige) als auch das ethische (Haltung und Verhalten bestimmende) Selbstverhältnis in sich fasst. Die Sorge begründet jedenfalls ein ausgezeichnetes Selbstver-hältnis, und zwar auch dann, wenn kein Nachdenken und keine kluge Überlegung am Anfang steht. Die anfängliche, zunächst nur vage Sorge ist eine passive, erlittene, *ängstliche Sorge*, eine Bangigkeit, deren Unruhe von den Fragen her-rührt, die sich von selbst irgendwann stellen: Ob das Leben so, wie es gelebt wird, auf dem richtigen Weg ist; ob das Selbst so, wie es erfahren wird, bejahenswert ist; ob die Verhältnisse, die auf das Selbst einwirken, hinnehmbar sind etc. Die ängst-liche Sorge aktiviert das Eigeninteresse des Selbst und sorgt für eine erste Selbstaneignung, die darin besteht, sich nicht mehr nur der Bestimmung durch Andere und äußere Verhältnisse zu überlassen. Damit kommt der gesamte Bewusstwerdungsprozess in Gang, der zum aufgeklärten Eigeninteresse und zur aktiven, vom Selbst initiierten, *klugen Sorge* führt, in der das Selbstbewusstsein und die Selbstgestaltung eng miteinander verzahnt sind. Das Selbst ist der Ausgangspunkt der Sorge und zeichnet mit seiner Sorge um sich die Bewegung vor, durch die auch das Selbstbewusstsein und die Selbstgestaltung charakterisiert sind: Es gewinnt Distanz zu sich, um sich gleichermaßen von Außen zu sehen, sich sorgsam zu betrachten, sich auf sich zu konzentrieren und schließlich für sich selbst zum Gegenstand der gestaltenden Sorge zu werden, die das Selbst nicht mehr als dasselbe belässt.

Das Selbst als Ausgangspunkt *und* Gegenstand der Sorge: Die Sorge, vom Selbst herrührend, wird auf das Selbst zurückgewendet. Sie richtet sich vor allem auf die inneren Verhältnisse des Selbst, seine Seele, die geradezu synonym mit dem Begriff des Selbst sein kann (Sorge um die Seele, Seelsorge im eigentlichen Sinne) und innerhalb derer die Sorge seit altersher, seit Aspasia und Sokrates, dem vortrefflichsten Teil gilt, der Eigenschaften wie die Besonnenheit beinhaltet. Die Sorge richtet sich jedoch ebenso auf das äußere Selbst und seine Verfassung, die die Grundlage aller Existenz darstellt (Sorge um den Körper). Wird auf die Möglichkeit, das Selbst in diesem doppelten Sinne zum Gegenstand der Sorge zu machen, verzichtet, bleibt seine Verfassung der Willkür der Verhältnisse überlassen. Mit der Sorge jedoch wird der Zustand der Sorglosigkeit und Nachlässigkeit, kurz: die Gleichgültigkeit des Selbst gegen sich überwunden, sofern diese nicht eine bewusst gewählte, passive Haltung ist.

Wenn die Sorge sich darauf richtet, gesund zu bleiben oder zu werden, lässt sich die Gesundheit als Lebenskunst noch weiter konkretisieren, immer vorausgesetzt, dass dies unter optativen, nicht normativen Vorzeichen geschieht. Die mögliche Beliebigkeit im Umgang mit sich selbst wird durch die *Sorge um die Seele* durchbrochen. Die Verfassung der Seele scheint wiederum Einfluss auf die Verfassung des Körpers auszuüben – ein Zusammenhang, der in der Moderne mit dem Begriff »Psychosomatik« zum Ausdruck gebracht worden ist, dieser neueren Antwort auf den historisch lange währenden Dualismus von Psyche und Soma, von Seele und Körper in der abendländischen Kultur. Allerdings scheint es schwierig zu sein, die Psyche zu fassen zu bekommen, um sie pflegen zu können: Offenkundig ist sie ein so nebulöses Gebilde, dass ein ganzes Jahrhundert der Psychowissenschaften keinen zuverlässigen Aufschluss darüber geben konnte. Um der daraus resultierenden Verlegenheit zu entkommen, kann das Subjekt der Lebenskunst sich der Option bedienen, die Seele auf dem Umweg über den Körper zu pflegen, für die Psyche also Soma zum Ansatzpunkt zu wählen: Psychosomatik im anderen Sinne, nicht mehr nur auf das Verständnis von Krankheit, sondern auch von Gesundheit gewendet.

Als eine Sorge um die Seele wird dabei nun die *Sorge um den Körper* verstanden, und als eine Art von Psychotherapie kann unter diesem Gesichtspunkt die Physiotherapie erscheinen. »Therapie« meint hier nicht mehr unbedingt nur die Heilung des Kranken, sondern, wie dies der zugrunde liegende griechische Begriff *therapeia* bereits nahe legt, »Pflege«, die auch ein Gesunder sich angedeihen lassen kann; eine Aufmerksamkeit für sich und Dienstleistung an sich selbst. Die historisch lange währende Vernachlässigung, ja Verteufelung des Körpers, die sich in der christlichen Kultur durchgesetzt hat, wäre so wieder gutzumachen. Der Bedeutung des Körpers trug das frühe Christentum zwar noch Rechnung, wie dies z. B. aus dem »Paidagogos« des Clemens von Alexandrien im 2. Jahrhundert n. Chr. zu erschließen ist:

Der Körper sollte, in bester platonischer Tradition, als Wohnung der Seele gepflegt werden. Aber nicht diese Position, sondern die Verneinung des Körpers ist für lange Zeit bestimmend für die christliche Kultur geworden. Als Reaktion auf diese Entkörperung des westlichen Menschen kam es im 20. Jahrhundert, in der Epoche der fortgeschrittenen Säkularisierung, zur *Somatomanie*, zum Körperwahn; als Reaktion hierauf kann wiederum die neuerliche, nun säkulare Vernachlässigung des Körpers im virtuellen Raum betrachtet werden.

Eine philosophisch reflektierte Lebenskunst könnte zur Ausarbeitung einer maßvollen *Körperkultur* beitragen, in deren Rahmen auch der *Sport*, wenn überhaupt so allgemein von ihm gesprochen werden kann, seinen Ort hätte: Sport als *Übung des Körpers zum Zweck einer Pflege der Seele*, also als Physiotherapie, die in Wahrheit Psychotherapie ist. Die Einbettung in den übergreifenden Rahmen einer Lebenskunst könnte einige Probleme auffangen, die der Sport im Zeitalter der Somatomanie sich eingehandelt hat: Sie könnte bedeuten, Sport nicht mehr nur zur bloßen Bildung einer äußeren Form ohne inneren Sinn zu betreiben, geradezu versinnbildlicht durch die Muskelpakete, die herangezüchtet werden, nur weil dies einer klischeehaften Vorstellung vom gesunden Körper entspricht. Es könnte auch bedeuten, Sport nur in dem Maße zu betreiben, das dem jeweiligen Individuum am besten bekommt; mit der Besonnenheit, die typisch für die Lebenskunst ist, dem Übermaß zu widerstehen, das nicht nur von außen, sondern auch von innen her, von der Sucht, zu der Sport werden kann, suggeriert wird. Es könnte aber umgekehrt auch bedeuten, Sport überhaupt erst attraktiv erscheinen zu lassen für diejenigen, die sich gerade aufgrund der umfassenden Versportlichung der somatomanen Kultur zum Verzicht entschlossen haben.

Die Körperkultur, mit deren Hilfe die Pflege der Seele möglich ist, könnte eine *Kunst der Berührung* umfassen. Die Berührung dient dazu, körperliche und, zugleich damit, seelische Energien zu aktivieren und in Bewegung zu halten, ein Element der Gesundheit und des Wohlbefindens, das demjenigen der fünf Sinne zu verdanken ist, der durch die Haut geht. Berührung kann geradezu »elektrisieren« – ein signifikantes Beispiel für die seelische Wirkung eines rein körperlichen Vorgangs. Aus demselben Grund ist Berührung wohl eine beliebte Technik der Erotik, vielleicht die einzige, bei der kaum jemals über ein Zuviel, immer nur über ein Zuwenig geklagt wird. Ganz offenkundig wirkt die tastende Berührung der 5 Millionen Nervenenden der Haut belebend, und am meisten nicht etwa bei der Selbstberührung, die ein Bestandteil der Pflege seiner selbst sein kann, sondern bei der Berührung durch Andere. Schon von Geburt an ist die Berührung von Bedeutung, in solchem Maße sogar, dass Säuglinge, die viel Hautkontakt erfahren, sich wacher und physisch aktiver zeigen als andere, die dies entbehren müssen. In amerikanischen »Findelhäusern« war zu Anfang des 20. Jahrhunderts die bittere Erfahrung zu machen, dass der Mangel an Berührung, den man damals aus Gründen der Sterilität und Hygiene für geboten hielt, für kleine Kinder tödlich ist – nicht zuletzt aus somatischen Gründen, denn Berührung scheint, über komplexe Wirkungsketten, maßgeblich am Aufbau des Immunsystems beteiligt zu sein. Nicht von ungefähr ist die Magie der Berührung in der Kulturgeschichte wohlbekannt; daher die Geschichten von der heilenden Wirkung der Hand, des Handauflegens.

Soweit es aber für die Gesundheit als Lebenskunst im Umgang mit Krankheit um *Heilung* geht, lässt sich sagen: Was heilt, ist nicht so sehr der Arzt und nicht die Medizin. Was heilt, sind die Kräfte des Körpers, der Seele und des Denkens eines Menschen selbst, die allenfalls von außen zu stimulieren sind. Sie freizusetzen und die Quellen, aus denen sie sich speisen, überhaupt erst ausfindig zu machen, ist die vordringliche Aufgabe im Heilungsprozess. Dazu bedürfte es einer Erweiterung des Begriffs der Psychosomatik über Psyche und Soma hinaus zu einer *Noopsychosomatik,* um auch das Denken, griechisch *nous,* hier mit einzubeziehen. Dem liegt ein integrales Menschenbild vom Menschen als Person zugrunde, bei dem die Aspekte Körper, Seele und Geist nicht isoliert voneinander gesehen werden, der einzelne Mensch wiederum nicht als isoliertes, sondern mit Anderen lebendes bewusstes Wesen, das sich Gedanken macht über die Frage von Leben und Tod. Vor allem der geistige Aspekt des menschlichen Lebens fand in der modernen Krankheitslehre, die über den Körper hinaus allenfalls noch die Psyche einbezog, wenig Berücksichtigung. Im Geist aber, im Denken des Menschen, formieren sich Überlegungen zum Sinn des Lebens, die Körper und Seele beeinflussen können.

Selbst wenn eine Krankheit ausschließlich somatisch bedingt sein sollte, so ist damit noch nicht gesagt, dass sie auch somatisch bewältigt werden kann. Es könnten hierfür die immensen Energien erforderlich sein, die von einer »Seele«, auch wenn sie objektiv nicht zu messen ist, freigesetzt werden können, und hierfür könnten wiederum Denkprozesse und Anstrengungen des Denkens erforderlich sein, die den seelischen Energien eine Richtung zu geben vermögen, oder sie überhaupt wecken, hervorlocken und anregen. Ein mangelndes Selbstverhältnis, ein Fehlen von Selbstliebe und Selbstfreundschaft etwa könnte zur Folge haben, dass diese Energien nicht zu aktivieren sind; das mangelnde Selbstverhältnis wiederum könnte ein mangelndes Verhältnis zu Anderen zur Folge haben, die durch Intervention und Anregung von außen die inneren Energien stimulieren würden, jedoch

Aufnahme und Widerspiegelung finden müssten, um nicht ins Leere zu gehen oder gar zurückgewiesen zu werden: In diesem doppelten Sinne können die heilsamen seelischen Kräfte, deren Wirksamkeit evident ist, durch das Selbst selbst ausgehebelt werden.

Ein darüber hinausgehender Aspekt der Gesundheit als Lebenskunst, der eine eigene Erörterung verdiente, wäre die Frage des Bezugs zu einer Dimension der *Transzendenz*. Möglicherweise ist es ja vergebens, Gesundheit im umfassenden, Krankheit mit einbeziehenden Sinne zu erlangen, wenn nicht ein solcher Bezug das Fundament dafür herstellt. Wie dieser Bezug aber beschaffen sein könnte, ohne Zuflucht zu herkömmlichen, Abgründigkeit aufhebenden Heilsvorstellungen zu nehmen, das ist die Frage. Der Grundgedanke der Optativität müsste erhalten bleiben, um nicht in eine Normativität zurückzufallen, die aus dem Postulat einer zweifelhaften »Wahrheit« heraus ihre Forderungen erheben würde. Wahrscheinlich bedarf es einer vorbehaltlosen, nüchternen Rekonstruktion der Religiosität, um besser zu verstehen, was der Bezug zu einer Transzendenz noch sein kann: Eine Aufgabe des 21. Jahrhunderts, das uns vielleicht aufs Neue mit dem Problem grundlegender, unaufhebbarer Tragik konfrontiert, die uns in die Arme der Frage nach dem »metaphysischen Heil« treiben könnte.

Die Wiederkehr der Heiterkeit:
Zur Rehabilitierung eines philosophischen Begriffs

Wir scheinen in einer Zeit zu leben, in der die Heiterkeit nicht sonderlich am Platz ist. Zu viele schlimme Nachrichten stürmen auf uns ein, und es gibt vielleicht Grund, der Verzweiflung näher zu sein als der Heiterkeit. Warum dennoch die Rede davon? Woher das neuerliche Interesse daran? Festzuhalten ist zunächst nur, dass die Heiterkeit, wie auch die Lebenskunst, die Selbstsorge, die Gelassenheit etc., offenkundig zur Familie der Begriffe gehört, die in der Moderne, und mit ihr in der modernen Philosophie, weitgehend vergessen worden sind. Sie wieder zu entdecken, ist Bestandteil der Suche nach Nachhaltigkeit, die verfehlt wäre, wenn es nicht gelänge, die Nachhaltigkeit mitten in uns selbst, in unserer Lebenshaltung und Lebensform anzusiedeln. Zu einem nachhaltigen Lebensstil gehört die Heiterkeit. Wesentliche Momente des Begriffs sind jedoch nur durch einen Rückgriff auf dessen Geschichte zu erschließen. Dann erst, wenn der Begriff vergegenwärtigt worden ist, können die Gründe für sein Verschwinden in der Moderne und die Möglichkeiten seiner Erneuerung erörtert werden.

Offenkundig kann Heiterkeit produziert werden: Sie ist geradezu eine bewusst gewählte und asketisch hergestellte Haltung, verbunden mit einer bestimmten Sicht der Dinge und der Welt. *Heiterkeit ist eine Form von Lebensführung.* Es handelt sich bei der Heiterkeit um eine vom Selbst bewusst vorgenommene, maßvolle Disposition des Gemüts mithilfe des Denkens, verbunden mit einer Arbeit der Reflexion. Das geht bereits aus dem Urtext der philosophisch inspirierten Heiterkeit hervor, nämlich Demokrits Abhandlung »Über die Heiterkeit« aus dem 5./4. Jahrhundert v. Chr. Die erhalten gebliebenen Fragmente sprechen von einer *euthymia*, einer Wohlgesinntheit, Wohlgestimmtheit des Gemüts, die doch mehr ist als nur ein Gemütszustand, der zufälligerweise so oder so ausfallen kann. Den Menschen, so sagt Demokrit, entstehe Heiterkeit aus dem maßvollen Umgang mit Lüsten und aus einem »Leben im Gleichmaß«.

Entscheidend ist dieses Leben im Gleichmaß, das »symmetrische Leben«, die Wohlproportioniertheit zwischen dem Zuviel und Zuwenig in allen Dingen – nicht zu verwechseln mit einer arithmetischen Mitte –, das Zusammenstimmen der verschiedenen Komponenten von Körper, Seele und Geist. Das symmetrische Leben setzt die Wohlgesinntheit ins Werk, mit der die Heiterkeit erfahrbar wird, und meidet die gegensätzliche Übelgesinntheit und Missmutigkeit. Übelgesinntheit wird vermieden, indem man grundsätzlich davon ausgeht, dass nichts reibungslos vonstatten geht, dass nichts problemlos funktioniert. Die Werkzeuge sind grundsätzlich krumm und schief, und es kommt darauf an, sie so zu gebrauchen, wie sie nun mal beschaffen sind. Dies gilt erst recht für den Umgang mit Menschen: Sie sind, wie sie sind. Wer sich mithilfe asketischer Einübung daran gewöhnt, Eigenarten und Merkwürdigkeiten Anderer als gegeben hinzunehmen, der erreicht anstelle von Missmut Wohlgemutheit.

Ferner kommt es darauf an, über erfreuliche Dinge sich auch wirklich zu freuen. Das hat nichts damit zu tun, nur Erfreuliches zu affirmieren und Unerfreuliches zu negieren. Es handelt sich nicht um ein modernes Positivdenken, denn im Unterschied dazu präpariert sich das Selbst hier für das »Negative« und rechnet nicht mit dem »Positiven« – gerade aus diesem Grund wird es resistent gegen Enttäuschungen und aufnahmefähig für Erfreuliches. In jeder Lebenslage ist ein heiteres Ertragen der Widrigkeiten und sogar ein lustvolles Leben möglich, wenn die Misslichkeiten für leicht und unbedeutend gehalten werden, notfalls kontrafaktisch: Es hängt von der Verteilung der Gewichte im Denken ab, ob auf der Waage des Lebens Symmetrie hergestellt werden kann.

Im Zweifelsfall ist das symmetrische Leben eine Frage der Perspektive: Die Perspektive kann vom jeweiligen Individuum selbst so gewählt werden, dass es sich weniger mit denjenigen vergleicht, denen es besser geht, als vielmehr mit denen, die sich schlechter befinden. Dieser je nach Perspektive originelle oder ärgerliche Vorschlag taucht in der Antike bei den verschiedensten philosophischen Autoren immer wieder auf, um den Zustand der Heiterkeit zu erreichen. Wer nicht so verfährt, bestraft sich selbst: Er wird, welche Höhe auch immer er erklimmt, Mangel im Vergleich zu »Höherstehenden« empfinden; selbst die Könige empfinden noch Mangel an allem, was Göttern eigen ist. Grundsätzlich wird zuviel Beneidenswertes bei Anderen vermutet, wo aber, wie ein Blick hinter die Kulissen zeigt, meist zuwenig davon zu finden ist. Damit schlägt man sich selbst, anstatt sich zu sagen, »beneidenswert ist unser Leben«.

Das symmetrische Leben hat mit einer Arbeit zu tun, die das Selbst an sich selbst leistet und mit deren Hilfe die Heiterkeit als Haltung hergestellt wird. Heiterkeit ist die Haltung der Gelassenheit, im Sprachgebrauch gelegentlich zusammengezogen zum Ausdruck der »gelassenen Heiterkeit«, der jedoch, folgt man dem Stoiker Seneca, zweimal dasselbe sagt. Seneca ist derjenige, der dem Begriff der Heiterkeit im 1. Jahrhundert n. Chr. eine stoische Fassung gibt. Als Übersetzung der griechischen *euthymia* wählt er den Begriff der *tranquillitas*; ihr widmet er seine Schrift »Über die Seelenruhe« (*De tranquillitate animi*), die von der Ungetrübtheit und Ausgeglichenheit der Seele handelt, nicht zu verwechseln mit Untätigkeit und Quietismus.

Grundlage der Heiterkeit ist das symmetrische, wohlorganisierte und ausbalancierte Selbst, die Festgefügtheit der Seele, die »mitten im Sturm« die Ausgeglichenheit zu bewahren und »mit leichter Seele« vieles hinzunehmen vermag. *Die Grundlage von Heiterkeit ist die Erlangung von Selbstmächtigkeit.* Um eine solche Selbstmächtigkeit zu erreichen, empfiehlt es sich, bei jeder Sache, die in Frage steht, sich darüber klar zu werden, ob sie »in meiner Macht« steht oder nicht und, wenn ja, wie weitgehend. Selbstmächtigkeit ermöglicht Gelassenheit, nämlich ein Lassen angesichts all dessen, was nicht »in meiner Macht« steht; dies geht mit einer Stärkung der Hinnahmefähigkeit einher.

Wahre Selbstmächtigkeit ist, aufgrund kluger Sorge, ein Freisein von ängstlicher Sorge, frei noch von Angst vor der Angst. Sie macht das Selbst stark genug, um auch schwach sein zu können. Die kluge Sorge bemüht sich um eine Festgefügtheit des Selbst, die keinen Einschluss des Selbst in sich, sondern größtmögliche Offenheit gegenüber Anderen und Anderem bedeutet. Dies aber kann nur erreicht werden – Seneca beschreibt den Weg recht präzise –, wenn man sich zunächst über sich selbst klarer wird, sich Rechenschaft ablegt über die Eigenheiten, die man mitbringt und füglich zu beachten hat, um nicht Unangemessenes von sich selbst zu erwarten. Um das Verhältnis zu sich selbst zu stärken, bedarf das Selbst zudem der Freunde, »deren Heiterkeit Schwermut zerstreut und deren Anblick allein schon erfreut«, ein Anblick, der gewiss nicht nur auf äußerlicher Schönheit beruht.

Wichtig ist des weiteren, nicht an irgendwelchen Besitz sein Herz zu hängen, denn um Besitz muss man sich kümmern, um ihn muss man fürchten, unentwegt ist man mit ihm beschäftigt und auf diese Weise von ihm besessen, während es doch darauf ankommt, sich selbst zu besitzen. Die ganze Lebensweise sollte maßvoll eingerichtet sein, denn dieses, wie man es nennen könnte, »schlanke Leben« bietet weniger Angriffsflächen für Attacken des Schicksals; »viele Stürme fallen nur über diejenigen her, die ihre Segel zu weit ausspannen«. Man ist nicht mehr völlig zu überraschen von dem, was geschieht, sondern ist auf alles vorbereitet und hegt keine Illusionen über ein »Leben in zarter Unberührtheit«. Keine Angst vor dem Tod sollte man haben; dazu dient es, sich zu sagen, dass der Tod eigentlich bereits mit der Zeugung beschlossene Sache war, eine Bedingung des Lebens, geradezu die Lebensformel.

Wenn es um die Erneuerung des Begriffs der Heiterkeit geht, dann ist jedoch vor allem eines festzuhalten: *Heiterkeit ist nicht Fröhlichkeit, sondern Ausdruck des erfüllten Lebens.* Heiterkeit ist nicht Fröhlichkeit, auch wenn diese zuweilen ihre Ausdrucksform ist. Penetrante Fröhlichkeit verfehlt die Heiterkeit sogar völlig: Sie ist töricht, insofern sie ohne zureichenden Grund ist. Fröhlichkeit ist nur ein Affekt, in welchem die Heiterkeit als Haltung sich gelegentlich äußert, ein kleiner Exzess, ein Übermut, ein Jauchzen und Frohlocken, über die Gelassenheit hinaus eine Ausgelassenheit, die das Pendel der Heiterkeit nach dieser Seite hin ausschlagen lässt. Dann und wann mag es willkommen sein, in solcher Exaltation den Kopf zu verlieren, aber nur vor dem Hintergrund der Erfahrung der Abgründigkeit der Existenz, die es auszubalancieren gilt, um Symmetrie im Leben zu erreichen. Auch auf diese Weise wird das symmetrische Leben hergestellt: indem die Polarität des Lebens bekräftigt wird.

Die Fröhlichkeit ist also nicht etwa verwerflich, sie kann vielmehr als Bestandteil des symmetrischen Lebens betrachtet werden. Dies gilt auch für jenen Aspekt der Heiterkeit, der als *Angeheitertsein* Eingang in die Sprache gefunden hat und dem sogar Philosophen Tribut zollen, wenn sie die Techniken zur Erlangung der Heiterkeit beschreiben: »Man muss dem Geist Erholung einräumen und ihm immer wieder Muße gönnen, die ihm zur Nahrung und Kräftigung dient. Auch soll man sich auf ungedeckten Promenaden ergehen, damit der Geist unter freiem Firmament und an frischer Luft sich belebe und erhebe. Gelegentlich werden ein Ausritt, eine Reise und ein Aufenthalt in einer anderen Gegend neue Kraft geben, geselliges Zusammensein und ein recht ungezwungener Umtrunk. Manchmal soll man's auch fast bis zu einem Rausch kommen lassen, aber nicht so, dass er uns ertränke, sondern nur eintauche.« Seneca wahrt hier nur die stoische Tradition: Schon der stoische Ahnherr Chrysippos soll sich jeden Tag einen Schwips gegönnt haben. Allerdings soll man, mahnt Seneca, es »nicht oft so halten, auf dass nicht der Geist eine üble Gewohnheit sich zulege«.

Heiterkeit kann mit Humor und Lachen einhergehen, muss aber nicht. Etwas kann, wie man so sagt, für *Erheiterung* sorgen, indem es gewollt oder ungewollt komisch ist. Entscheidend ist das Bewusstsein der Abgründigkeit. Wenn es um die Äußerung der Heiterkeit geht, entspricht ihr das Lächeln, nicht so sehr das Lachen. Das Lächeln ist vielleicht kaum wahrnehmbar, wahrnehmbar ist lediglich das nicht umwölkte Gesicht, das seit jeher als Ausdruck der Heiterkeit gilt. Mit seinem Lächeln stellt das Subjekt seine Souveränität unter Beweis, die es beim Lachen oder Weinen kaum aufrechtzuerhalten vermag. Fern davon, das Gesicht mit einem plötzlichen Ausbruch willkürlich zu zerreißen, reguliert das Subjekt beim Lächeln seinen mimischen Ausdruck sehr nuanciert.

Das lächelnde Antlitz der Heiterkeit zeugt von Selbstgewissheit, es vermag sich auch angesichts eines Abgrunds an Traurigkeit zu zeigen. Traurigkeit ist der Kontrastbegriff zur Fröhlichkeit, nicht jedoch zur Heiterkeit, denn deren Subjekt weiß, dass die Abgründigkeit nicht einzuebnen ist, dass sie vielmehr konstitutiv für das Leben ist. Konsequenterweise steht die Heiterkeit der Melancholie nicht fern, jedenfalls steht sie ihr nicht entgegen, da sie deren abgründige Erfahrung nicht bezweifelt, nur andere Konsequenzen daraus zieht: Anders als das melancholische Selbst vertraut das heitere Subjekt auf die Erfahrung der Geborgenheit in aller Abgründigkeit. Im äußersten Fall ist die Heiterkeit geradezu der Genuss der Abgründigkeit der Existenz; das Subjekt bewahrt dabei die Kräfte, die Andere beim Versuch zur Leugnung oder Einebnung des Abgrunds vergeuden.

Sollte die Heiterkeit letztlich nichts anderes als eine Form von Glückseligkeit sein, so ist diese nicht mit dem modernen Begriff des »Glücks« zu verwechseln. Die Heiterkeit realisiert sich vielmehr in einem *erfüllten Leben*, erfüllt vor allem von der Fülle des Lebens in seiner ganzen Spannweite, seiner Gegensätzlichkeit und Widersprüchlichkeit, die sich in einem an Erfahrung reichen, weiten Selbst findet und die Symmetrie seines Lebens ausmacht. Keinerlei Einschluss in irgendwelche Endlichkeit, sondern Offenheit für die Dimension der Unendlichkeit, eine gedankliche Befreiung von der Erdenschwere, um aufs Neue und auf leichte Weise die Schwere zu tragen, deren Präsenz nicht zu ignorieren ist. Im säkularen Sinne fühlt dieses Selbst sich geborgen im Gewölbe des Kosmos, im religiösen Sinne handelt es sich um ein Sich-Ergeben der Erdenseele in Gottes Hand. Ultimativen Trost bedeutet dies in beiden Fällen, Getröstetsein aber ist das grundlegende Charakteristikum der Heiterkeit.

Damit ist kein »gelingendes Leben« gemeint, denn es kann sich ebenso um ein Scheitern handeln, das zur Abgründigkeit des Lebens gehört. Dass der heitere Mensch kein Gelingen im Leben anstreben sollte, um nicht getroffen zu werden vom »Schmerz über eine nicht gestillte Sehnsucht«: Das lässt sich von Plutarch lernen, der im 1./2. Jahrhundert n. Chr. unter seinen etwa 80 Abhandlungen (»Moralia«) eine der Heiterkeit widmete. Uns um das zu bemühen, was in unserer eigenen Macht steht, ist von Bedeutung für die Heiterkeit. Wenn wir dies versäumen, überfällt uns in der Seele irgendwann die »Reue«, die mit ihren Stichen gleichsam der Seele Blut abzapft. Heiterkeit heißt: *Ein Leben ohne Reue zu führen*, denn die Reue wäre schlimmer als aller Kummer über das Schicksal, das nicht in unserer Macht steht. Es sind die »schönen Tätigkeiten«, die keine Reue nach sich ziehen. Heiterkeit, so lässt sich daraus schließen, erwächst mit der Realisierung des Schönen, womit, wenn man es zu übersetzen versucht, nichts anderes als das uneingeschränkt Bejahenswerte gemeint sein kann, das, denkt man es konsequent, auch seine unvermeidlichen Einschränkungen noch als bejahenswert begreift. So erst wird das ganze Leben zum Fest.

Der Begriff der Heiterkeit erlebte in der abendländischen Geschichte jedoch eine schicksalhafte Wendung, eine Verschiebung zur Fröhlichkeit. Dies geschah im Verlauf seiner Neuinterpretation durch die christlichen Kirchenväter. Worte und Gedankengänge aus Plutarchs Schrift »Über die Heiterkeit« finden sich im 4. Jahrhundert n. Chr. beispielsweise in der Predigt »Über die Danksagung« des Basilius wieder, aber mit veränderter Ausrichtung: Der Glaube an die Überwindung des Todes, für den Christus steht, das Verschmelzen der Seele mit Gott sorgt für die Heiterkeit der Herzen, die der überschwänglichen Freude näher steht als dem philosophischen Begriff. Der Überschwang, der dieser fröhlichen Heiterkeit im frühen Christentum noch eigen ist, verliert sich in späterer Zeit wieder, sodass, jedenfalls im Pietismus, sogar ein »Heiterkeitsverbot« zu beachten ist.

Parallel zu dieser Neuinterpretation zieht sich durch die Geschichte die christliche Gegnerschaft, ja Todfeindschaft gegen die Melancholie, die deutlich macht, dass für die fröhliche Heiterkeit der Christen nicht die Anerkennung der

Abgründigkeit, sondern ihre Überwindung grundlegend ist, dem Programm der Elimination des »Negativen« aus der Welt entsprechend. Diese Grundhaltung wird schließlich mit der »Moderne« zum weltlichen Projekt. Von ihrer Geburt im ausgehenden 18. und beginnenden 19. Jahrhundert an kennt die Moderne den Dualismus zwischen der wieder entdeckten antiken Heiterkeit in ihrer ganzen Bedeutungsfülle einerseits und der säkularisierten christlichen Fröhlichkeit andererseits, die nun zum weltlichen Evangelium wird und bald die Gestalt des optimistischen Fortschrittsglaubens annimmt. Aus dieser Quelle wird der Optimismus gespeist, der die Moderne zu prägen beginnt und aus dem heraus sie zu leben vermag. *Die Abwesenheit von Heiterkeit resultiert aus dem Vergessen der Abgründigkeit.* Die optimistische Moderne bedarf der abgründigen Heiterkeit nicht, da sie auf die aufklärerischen Kräfte des »Positiven« und die treibenden Kräfte des gesetzmäßigen Fortschritts mithilfe von Wissenschaft und Technik vertraut. Sowohl die klassische wie auch die romantische Heiterkeit entfalten sich, nach anfänglichem Zögern, in Opposition zu diesem Optimismus. Frühromantiker wie Novalis versuchen, ganz im Sinne des symmetrischen Lebens, die heiteren wie die dunklen Seiten des Lebens zu einem neuen, romanhaften Leben als Kunstwerk zusammenzuspannen. Vergebens.

Auch die beiden Denker des 19. Jahrhunderts, die im Optimismus ein Verhängnis sehen, kommen gegen dessen Eigendynamik nicht an: Schopenhauer entwirft in seinen »Aphorismen zur Lebensweisheit« eine Heiterkeit, die sich im Sein des Menschen, der sich nicht über sein Haben definiert, verwirklicht. Nietzsche, dessen »Geburt der Tragödie« von 1872 unentwegt auf die antike Form der Heiterkeit verweist (die Schrift sollte ursprünglich »Griechische Heiterkeit« heißen), will die Heiterkeit davor retten, nur noch als apollinische, ihrer Abgründigkeit entkleidete Scheinwelt begriffen zu werden. Er stellt ihr eine dionysische, Tragik, Schmerz und Leid von Grund auf nicht leugnende Heiterkeit gegenüber, deren Erneuerung er auch in der Folgezeit für unabdingbar hält, denn »nur durch Heiterkeit geht der Weg zur Erlösung«. Heiterkeit ist der zentrale Begriff seiner »Fröhlichen Wissenschaft«, Nietzsches Lebenskunstbuch, das mit landläufiger Fröhlichkeit wenig zu tun hat, vielmehr die Frage zu beantworten sucht, was wohl aus der Heiterkeit nach dem Tode Gottes wird und wie sie zu ihrem eigentlichen, philosophischen Begriff zurückfinden kann.

Zwei überaus modernekritische Denker des 20. Jahrhunderts folgen, ohne es zu ahnen, der christlichen und modernen Uminterpretation der Heiterkeit zur Fröhlichkeit, ein perfekter Ausdruck des Zeitgeistes, dem gerade diese beiden Denker doch so fern zu stehen meinten: Für Heidegger ist Heiterkeit eine »Stimmung«, ein »Affekt« wie auch Hoffnung, Freude, Begeisterung. Adorno will die Heiterkeit nach dem Geschehen des Holocaust ästhetisch nicht mehr dulden und lässt damit außer Acht, welche Bedeutung die abgründige Heiterkeit selbst für die Insassen der Konzentrationslager noch haben konnte, denen, nach einem Bericht von Viktor Frankl (... *trotzdem Ja zum Leben sagen*, 1977), alles genommen werden konnte, nur nicht »*die letzte menschliche Freiheit, sich zu den gegebenen Verhältnissen so oder so einzustellen*«. Frankl spricht ausdrücklich, unter der Rubrik »Lagerhumor«, von der »Möglichkeit einer Einstellung im Sinne von Lebenskunst, auch mitten im Lagerleben«, in dieser scheinbar absoluten Zwangslage, angesichts des Abgrunds.

Es ist eine phänomenale Erfahrung, dass sich die Heiterkeit gerade in der Konfrontation mit der Abgründigkeit der Existenz einstellt. Gerade dann, wenn das Leben schwer wird, ist die Heiterkeit als Erleichterung zu entdecken, die sich dadurch auszeichnet, die zugrunde liegende Tragik nicht zu leugnen. Gerade dort, wo es ein Bewusstsein für die Unaufhebbarkeit der Abgründigkeit gibt und nicht der Glaube an den Fortschritt bis hin zu dereinst herrschenden paradiesischen Zuständen vorherrscht, kann die Heiterkeit sich entfalten. Wenn die Heiterkeit in der Moderne wirklich »ins Exil« musste, dann zweifellos aufgrund des modernen Mangels an tragischem Bewusstsein.

Heiterkeit als Ausdruck von Selbstmächtigkeit repräsentiert jedoch eine Form von autonomer Macht, die das gerade Gegenteil zu jener heteronomen Macht darstellt, die es sich angelegen sein lässt, die allgemeine Fröhlichkeit zu simulieren. *Die Wiederkehr der Heiterkeit trägt zu einer anderen Moderne bei.* Wenn Heiterkeit keine Angelegenheit der Moderne war, so fügt ihre Wiederkehr sich in die Konstellation einer *anderen Moderne*, die wesentliche Errungenschaften der Moderne bewahrt, vor allem das Bemühen um Veränderung und Verbesserung zur Realisierung von Menschenwürde, ohne jedoch allzu optimistische Illusionen damit zu verbinden; die ferner die Moderne dort modifiziert, wo sie sich als nicht lebbar erwiesen hat, Modifikation vor allem der Kultur der Zeit, um Errungenschaften einer anderen Kultur wieder zu entdecken. Heiterkeit entfaltet sich in einer umfassenderen Zeitdimension als der bloßen Gegenwart; die moderne Kultur der Zeit, die die Zeit auf eine fortgesetzte Augenblicklichkeit reduziert, musste zwangsläufig die Heiterkeit aus den Augen verlieren. Heiterkeit kennt den Blick von außen auf die Zeit, der die Fülle dessen vor Augen führt, was schon geschehen ist und noch geschehen kann, welche Kontinuitäten sich durch die Zeiten ziehen, welche Diskontinuitäten immer wieder die Zeiten brechen; vor allem aber, wie der gesamte Ernst der menschlichen Existenz an ihrer kosmischen Nichtigkeit zerbricht.

Man kann die erneuerte Heiterkeit als *heitere Skepsis* des Selbst beschreiben, das sich darum bemüht, Distanz zu den Dingen und zu sich selbst zu bewahren. Skeptisch gegen die Möglichkeit von Gewissheit, ohne unter der Ungewissheit übermäßig zu leiden. Wissend um die grundlegende Widerspruchsstruktur, die verhindert, dass Dinge nur gut, nur böse, nur schön, nur hässlich sind. Eine aufgeklärte Aufklärung, zweifelnd an der Abschließbarkeit des Wissens, ohne auf die Arbeit des Wissens zu verzichten, die schon seit Demokrit zu den Quellen der Heiterkeit gehört, da sie Zusammenhänge klarer macht und erklärt. Verschwistert ist die Heiterkeit mit der Ironie, nicht so sehr mit dem Spott; sie ist eine verhaltene Angelegenheit, eine zurückhaltende Haltung, kein Gelächter, sondern ein ernstes, ernsthaftes Projekt, ein philosophisches Konzept. Die zugehörige existenzielle Praxis aber, daran kommen wir bei aller Arbeit am Begriff nicht vorbei, bleibt dem jeweiligen Subjekt selbst überlassen.

Der Weg zum Glück und die Kunst, dem Leben Sinn zu geben

Die Frage nach dem »Glück« treibt die Menschen um. Der Philosophie traut man zu, bei der Suche danach behilflich sein zu können. Und wenn man sich dabei nicht so sehr an die moderne, sondern eher an die antike Philosophie hält, kann man sogar reichhaltige Funde machen. Der Grundtext eines ausgearbeiteten Begriffs des Glücks ist, wohl nicht zufällig, zugleich der Begründungstext des Begriffs »Ethik«: Aristoteles geht in seinem Buch »Nikomachische Ethik« davon aus, dass es für jeden Einzelnen darauf ankommt, »ein Leben für sich zu wählen«, und als Ziel dieses Lebens erscheint das Gut, das die *Eudaimonia* ist, gewöhnlich mit »Glück« übersetzt. Es lohnt sich, genauer zu betrachten, was darunter zu verstehen ist, um nicht zu vage über das Glück zu diskutieren. Sieben Bestimmungen des Glücks, die sich bei Aristoteles finden, können hilfreich sein bei dem Versuch, ein je eigenes Nachdenken über das Glück in Gang zu bringen.

1. *Das Glück ist ein wählbares Gut.* Alle, so meint Aristoteles beobachten zu können, streben nach einem Gut, und sogar nach dem besten und höchsten Gut. Dessen Erkenntnis dient der Orientierung des individuellen Lebens und auch der Lebensführung im Rahmen der Gesellschaft, deren Zustand letztlich wiederum entscheidend für das individuelle Leben ist. Dieses erstrebte Gut ist das Glück, das entgegen einer allgemeinen Überzeugung jedoch nicht etwas ist, das den Einzelnen ohne eigenes Zutun einfach nur überkommt. Grundlegend für den Weg zum Glück ist vielmehr eine Wahl, die allerdings kaum schwerfallen kann, denn das Glück ist ja auch wirklich am »wählenswertesten«, wählenswerter als irgendetwas sonst. Die Wahl des Glücks bezieht sich vor-

nehmlich auf die Lebensform. Das Glück basiert auf der Art des Lebens, die man für sich wählt und die dem ganzen Leben eine Richtung gibt, auch wenn Aristoteles nur drei Lebensformen kennt, in der aufsteigenden Reihenfolge seiner Wertschätzung: die der Lust zugeneigte, die der gesellschaftlichen Arbeit gewidmete, die theoretische. Viele weitere Lebensformen sind denkbar und wären zu erproben.

2. *Das Glück ist eine spezifische Tätigkeit.* Die getroffene Wahl ist noch keine Umsetzung der Wahl in die Praxis: Diese erfordert vielmehr das aktive Verwirklichen eines glücklichen Lebens, das nicht ein bloßer Zustand ist. Beim glücklichen Menschen ist das gute Leben auch ein gutes Handeln, und dies ist ein Handeln im Hinblick auf Vortrefflichkeit, auf *Exellenz.* Einst übersetzte man den entsprechenden griechischen Begriff *Arete* mit »Tugend«, aber das ist wohl nicht die trefflichste Lösung, denn Arete ist keineswegs nur ein moralischer, sondern ebenso ein außermoralischer Begriff, und wer kann sich schon unter »Tugend« noch etwas vorstellen, daher also Exzellenz. Aus der Tätigkeit der Seele im Hinblick auf Exzellenz geht das »Werk« hervor, das Glück erfahrbar macht. Schon die exzellente Ausübung banaler alltäglicher Tätigkeiten kann eine beglückende Erfahrung vermitteln. Wichtig ist diese Arbeit am Glück, die Einsicht, dass man für dieses Glück etwas tun muss, seelisch, alltäglich, ein Leben lang.

3. *Das Glück ist ein Leben in der Verflochtenheit.* Grundsätzlich ist das Glück etwas, das »sich selbst genügt«, denn nicht um eines anderen Gutes willen wird es erstrebt, sondern es ist das höchste Gut selbst. Aber Aristoteles erkennt sofort, dass mit dieser »autarken« Bestimmung des Glücks ein Missverständnis verbunden sein könnte, das offenbar schon damals nahe lag: Diese Autarkie des Glücks meint nicht ein Leben des Menschen nur für sich allein, sondern ein Leben »in der

Verflochtenheit«, im Netz sozialer Beziehungen nämlich: in der Familie, im Freundeskreis, in der Gesellschaft, und dies nicht nur synchron, sondern auch diachron: Nicht nur das Schicksal der zeitgleich lebenden Freunde, sondern auch das der späteren Nachkommenschaft wird in die Frage des eigenen Glücks mit einbezogen; dies nicht zu tun, erscheint »unfreundlich«. Der herausgehobenen Bedeutung der Freundschaft, dieser Beziehung der Wahl, trägt Aristoteles dadurch Rechnung, dass er ihr allein zwei der zehn Kapitel der »Nikomachischen Ethik« widmet, denn in der Freundschaft vor allem wird das Glück realisiert. Freilich gilt dies nicht für diejenige Art von Freundschaft, die nur um des Nutzens willen, auch nicht für die, die nur um der Lust willen geschlossen wird, sondern für jene *wahre Freundschaft*, die auf der wechselseitigen Beziehung der Freunde um ihrer selbst willen beruht, nicht abhängig von zufälligen Interessen und Lüsten und »unzugänglich für Verleumdung«. Die Grundlage dafür, Freundschaft mit Anderen überhaupt schließen zu können, ist jedoch die Freundschaft mit sich selbst. *Selbstfreundschaft* gibt es nicht bei denen, die »mit sich uneins sind«, sich selbst fliehen, des Lebens überdrüssig sind und bei Anderen nur Vergessen suchen: »Nichts Liebenswertes« haben sie an sich, also können sie auch »kein freundliches Gefühl« für sich selbst empfinden; sie teilen nicht Freud und Leid in der Gemeinschaft mit sich, vielmehr freut, wenn ein Teil ihrer Seele leidet, ein anderer Teil der Seele sich darüber, und die verschiedenen Teile reißen das Selbst schier in Stücke, nur um darüber gleich wieder Reue zu empfinden. Ganz anders verhält sich dies bei denen, die ihr Selbstverhältnis klären, Einigkeit in sich selbst herstellen »und das verwirklichen, worin sie für sich das Beste erblicken«.

4. *Das Glück besteht aus dreierlei Gütern.* In der Hauptsache beinhaltet das Glück *seelische Güter*, die für Aristoteles die

höchsten und besten sind, darunter grundlegende Güter wie die Exzellenz, die Klugheit, die Weisheit. Ein seelisches Gut ist auch die Lust und das lustvolle, freudvolle Leben, das Lust und Freude aus all dem bezieht, was vom Selbst besonders geliebt wird, sei es ein Pferd oder ein Theaterstück oder, abstrakter, die Gerechtigkeit oder Vortrefflichkeit oder das Schöne allgemein. Die Lust ist dabei nicht etwa nur eine äußerliche Angelegenheit, vielmehr birgt ein solches Leben die Lust tief in sich; »Glück« ist in diesem Sinne als ein Leben zu verstehen, das »das Beste, Schönste und Lustvollste« realisiert.

Sehr wohl umfasst dieses Glück jedoch auch *körperliche Güter*, soweit sie auf die seelischen bezogen sind. Es handelt sich dabei freilich nicht um Grundvoraussetzungen des Glücks, sondern um Hilfsmittel und Werkzeuge zu seiner Erlangung. Was die Lust angeht, so ist sie ein ebenso seelisches wie körperliches Gut, wobei es Aristoteles deutlich um ihre seelische Verankerung geht, um es nicht bei einer bloß körperlichen Lust zu belassen. Und auch für das Gut der Gesundheit darf man, dem antiken Denken gemäß, von einer seelisch-körperlichen, also psychosomatischen Auffassung ausgehen. Ein Gut ist ferner, ganz vorsichtig formuliert (man scheut sich, darüber zu sprechen, und doch kennt auch das gesellschaftliche Leben der Moderne faktisch ein solches Kriterium), möglichst keine ganz und gar hässliche äußere Erscheinung zu haben, die die höchste Gestalt des Glücks beeinträchtigen könnte, während »Schönheit« ihr förderlich ist. Wie deren Fehlen durch andere Qualitäten wettgemacht und wie ein sozialer Ausgleich für eine Benachteiligung geschaffen werden kann: darüber individuell und gesellschaftlich nachzudenken, bleibt uns selbst überlassen.

Zuletzt spielen noch andere, *äußerliche Güter* eine Rolle, soweit sie darauf bezogen sind, die individuelle Exzellenz ebenso wie das allgemeine Wohl zu fördern. Ein gewisser Wert für das Glück kann unter diesem Aspekt dem Geld zukommen – auch dies ein in modernen Diskussionen über das Glück eher gemiedenes Problem, das vorschnell als indiskutabel abgetan wird, als wäre damit die Problematik schon zufriedenstellend gelöst. Aber »es ist unmöglich, zum mindesten nicht leicht, durch edle Taten zu glänzen, wenn man über keine Hilfsmittel verfügt«. Und es geht Aristoteles um weitere von ihm als äußerlich angesehene Werte, die für gute »äußere Umstände« des Lebens sorgen können: Nutzenfreundschaft, politischer bzw. gesellschaftlicher Einfluss, »Wohlgeborenheit« (günstige Bedingungen der Herkunft), wohlgeratene Nachkommenschaft, überhaupt Kinder und Familie, die die Konstellation prägen, innerhalb derer es sich leben lässt.

5. *Das Glück ist etwas, das man lernen kann* – »allen steht die Möglichkeit dazu offen«. Eine erste Voraussetzung dafür ist die *Sorge*, die sich um Vortrefflichkeit und Exzellenz bemüht und vermutlich der Wahl des Glücks zuallererst zugrunde liegt, denn die Sorge, vielleicht zunächst die ängstliche, sodann jedoch die kluge, umsichtige, vorausschauende Sorge macht der Gleichgültigkeit gegenüber dem eigenen Leben ein Ende. Auf dieser Basis geht es sodann um das *theoretische Lernen*, das in enger Verbindung mit der klugen Sorge steht: Die Aneignung von Wissen, das Durchschauen von Zusammenhängen, die Klärung von Begriffen bereitet den Boden für die Praxis. Das *praktische Einüben* kann daraufhin in enger Verbindung mit dem theoretischen Lernen entfaltet werden, um die Erkenntnis und Einsicht in die Praxis umzusetzen, und zwar durch Gewöhnung, durch das so genannte *ethizein*, das Herstellen von Ethik, das die Grundlage des faktischen ethischen Handelns ist. Glücklichsein, so heißt dies, ist einzuüben wie irgendwelche konkreten Handgriffe auch. Vor

diesem Hintergrund ist nun definitiv klar, dass nicht der bloße Zufall hier die Möglichkeit des Glücklichseins mit sich bringt, und dies muss wohl so sein, denn wie könnte das »Größte und Schönste« von einem Zufall abhängig sein! Und dies betrifft, Aristoteles zufolge, nicht nur den individuellen, sondern auch den gesellschaftlichen Weg zum Glück: Analog zur Lebenskunst des Individuums ist auch für die höchste Kunst, die Politik, die »Sorge« grundlegend, in den Bürgern das »Gute« hervorzubringen und sie zur Realisierung des »Schönen« zu befähigen. Inhalt der Politik sollte die Gestaltung der äußeren Umstände sein, die dem individuellen Glück förderlich sind. Und das politisch gewollte Ziel von Pädagogik könnte die Vermittlung einer Befähigung zum Glück sein.

6. *Das Glück ist ein »erfülltes Leben«.* Damit ist zunächst die »vollendete Vortrefflichkeit«, die nicht weiter zu steigernde Exzellenz gemeint. In diesem Sinne können Kinder noch nicht glücklich sein, schon gar nicht unbewusste Lebewesen, denn es geht ja bei diesem Glück um ein gewähltes, bewusstes Erlangen der Exzellenz, nicht abhängig vom Zufallsglück, das so oder so ausfallen kann. Die Erfüllung und Vollendung tritt jedoch, nach der anderen Seite des Lebens hin, auch nicht erst mit dem Tode ein, sodass der alte Satz nicht gilt, niemanden solle man glücklich nennen, solange er noch lebt. Hier geht es vielmehr um das ständige Tätigsein, und Vollendung meint nicht etwa einen Abschluss dieses Tätigseins. – In einer zweiten Näherung ist unter »erfülltem Leben« zu verstehen, dass es die gesamte Fülle des Lebens zwischen »Positivem« und »Negativem« umfasst: Nicht nur ein angenehmes Leben, sondern auch ein Leben mit dem Widrigsten auf die schönste Weise. Unabhängig davon, wie die zufälligen, schicksalhaften Wechselfälle des Lebens ausfallen, kommt es darauf an, sie bewältigen zu können. Nicht der

Ausschluss des Negativen steht dabei in Frage, denn es wäre geradezu absurd, nur auf solche Weise glücklich sein zu wollen. »Das Schöne« besteht vielmehr darin, als Mensch mit »großer Seele« auch Schicksalsschläge tragen zu können. Entscheidend ist, worauf das Schwergewicht des Lebens liegt; der wahrhaft gute und besonnene Mensch ist in der Lage, »aus dem Gegebenen immer das Schönste zu machen«, darin besteht seine Kunst des Glücks. Dieses Glück umfasst die gesamte Spannweite des Lebens, es ist nicht mehr nur das Glück einer eher zufälligen Zeitspanne, sondern eines erfahrungsreichen, erfüllten Lebens. In diesem Sinne ist es tatsächlich etwas Dauerhaftes, nicht mehr ständiger Veränderung unterworfen.

7. *Das Glück ist etwas Göttliches*. Es ist »göttlicher« als irgendetwas Anderes, und zwar gerade deswegen, weil es Erfüllung und Vollendung bedeutet und »das Bessere« ist gegenüber den Dingen, die wir nur loben und die nicht wirklich besser, sondern nur abhängig von unserer Wertschätzung sind. Das Glück ist das A und O unseres Lebens, sein Anfang und Grund sowie sein Ziel. All unsere seelische Tätigkeit, all unser Streben richtet sich darauf, diese vollendete Vortrefflichkeit zu erreichen. Dass sie den Namen *Eudaimonia* trägt, wird nun erst recht verständlich, denn dies heißt dem Wortsinn nach, einen »guten Dämon« in sich zu haben, Dämon als Mittler zwischen Gott und Mensch, Gott nicht so sehr als personaler Gott, eher als kosmisches Prinzip. Das Glück durchbricht die Begrenztheit der Endlichkeit und lässt das endliche Wesen teilhaben an der Erfahrung der Unendlichkeit. Man wählt dieses Glück, indem man diesem Prinzip Raum gibt in sich selbst, sein Leben also durchdringen lässt von einer Kraft, die umfassender ist als die des Individuums selbst. Eine Wohlgestimmtheit, eine abgründige Heiterkeit ist damit verbunden.

In der Moderne lässt sich dieses Glück allerdings nicht mehr so ohne weiteres als der Sinn des Lebens beschreiben, dem man nur noch nachzuleben hätte. Wo einst nur vorgedachte und vorgegebene Antworten zu übernehmen waren, kommt der Einzelne nicht mehr umhin, selbst zu suchen und zu finden – das ist der Preis moderner Freiheit. Zur Notwendigkeit wird nun die Arbeit, selbst das Leben zu deuten und zu interpretieren. Diese Tätigkeit, die im Gespräch mit sich selbst und mit Anderen, vor allem mit Freunden stattfinden kann, lässt sich als *Hermeneutik der Existenz* bezeichnen. Sie ist ein Bestandteil der Selbstsorge und ein Instrument, die eigene Lebensführung zu orientieren; als Kunst, sich in der Welt zurechtzufinden, dient sie dazu, Sinn und Bedeutung im Leben und in der Welt zu erschließen. Allerdings wird bei dieser hermeneutischen Tätigkeit nicht einfach nur ein vorhandener Sinn ausfindig gemacht, sondern tückischerweise ein subjektiver Sinn in die Dinge hineingelegt, um dann aus ihnen herausgelesen zu werden. Nie haben wir die Gewissheit, einen »objektiven Sinn« entdeckt zu haben, denn immer spielen unsere Interessen, unsere Wünsche oder auch nur die Blickrichtung unserer Aufmerksamkeit eine sinnstiftende Rolle, von der wir uns wahrscheinlich zu keinem Zeitpunkt völlig lösen können: Das ist der berüchtigte »hermeneutische Zirkel«. Man kann sich darüber ärgern, man kann sich seiner jedoch auch bewusst bedienen, um den Dingen Sinn und Bedeutung zu geben, statt nur darauf zu hoffen, dass sie auch ohne unser Zutun Sinn und Bedeutung haben, die wir nur zu entschlüsseln hätten.

Aber was ist eigentlich gemeint mit »Sinn«? Sinn, das ist Zusammenhang. Die Arbeit des Deutens und Interpretierens knüpft Zusammenhänge, mögen sie von selbst schon bestehen oder nicht. Die Hermeneutik der Lebenskunst besteht darin, mithilfe von Interpretationen denjenigen Zusammenhang herzustellen, der in der Lage ist, *dem Leben Sinn zu geben* – einen Sinn, der der Gesamtheit oder dem Einzelereignis des Lebens nicht etwa nur abzulesen ist, sondern hineingelegt werden muss, um herausgelesen werden zu können. Die Interpretation, dieses »Dazwischentreten«, knüpft Beziehungen zwischen den unzusammenhängenden, auseinander strebenden Bestandteilen und Erfahrungen des Lebens, zeigt Zusammenhänge auf und erzeugt auf diese Weise »Sinn«. Das ist ein Vorgang, für den man sich eines Hilfsmittels bedienen kann: indem man nämlich einen Text zur Hand nimmt, ein Buch, einen Aufsatz, den man zu lesen und zu interpretieren sucht. Während man den Text interpretiert, interpretiert man in Wahrheit sich selbst und das eigene Leben; die subjektive Fragestellung spiegelt sich im objektiven Material: Das macht die Unverzichtbarkeit des Umgangs mit Texten für die Lebensführung aus.

Mithilfe von Interpretationen werden Zusammenhänge geklärt und Sinngefüge von Selbst und Welt hergestellt; »im Leben Sinn zu finden«, meint nichts anderes als dies: Zusammenhänge ausfindig zu machen und sich in sie einzufügen; »dem Leben Sinn zu geben« aber heißt: diese Zusammenhänge selbst zu gestalten. Mehr oder weniger bewusst wird dies im alltäglichen Lebensvollzug unternommen, denn daraus besteht der *hermeneutische Lebensraum*, den wir bewohnen. Auch dieses Wohnen ist, wie das Wohnen in Gewohnheiten, grundlegender noch als das Wohnen im gewöhnlichen Sinne und tritt doch kaum je ins Bewusstsein, da es als selbstverständlich erscheint – jedenfalls solange dieser Lebensraum des Sinns und der Bedeutung derselbe bleibt; verändert er sich, fühlt das Subjekt sich »fremd«, und aufs Neue muss es die Arbeit der Deutung und Interpretation leisten, um die Zusammenhänge seiner Welt und seines Lebens herzustellen, also diejenigen Zusammenhänge zu finden, die »Sinn machen«.

Sinn erscheint dabei in einem doppelten Sinne: Die Zusammenhänge können unmittelbar *sinnlich* vor Augen stehen und geradezu mit Händen zu greifen sein; sie können jedoch auch *abstrakt* sein und sind dann nur mit einer theoretischen Anstrengung zu erschließen und zu knüpfen. Der Reichtum an Möglichkeiten aber, Zusammenhänge ausfindig zu machen und sie zu erzeugen, sorgt für die Fülle des Sinns; sinnlos bleibt nur das, was ohne Zusammenhang ist. Bei der Arbeit der Deutung und Interpretation kann man von einem *Prinzip der hermeneutischen Fülle* ausgehen, wonach das Leben prinzipiell weitaus mehr Sinn und Bedeutung in sich birgt, als aktuell vorzufinden ist. Auch einem Subjekt selbst kommt weitaus mehr Sinn und Bedeutung zu, als es auf den ersten Blick den Anschein hat – ganz so, wie auch ein Kunstwerk weitaus mehr Bedeutung auf sich vereinigt, als dies zunächst wahrnehmbar ist, und ein Text reicher an Bedeutung ist, als sich dies der oberflächlichen Lektüre erschließt. Sogar das Missverständnis kann sich noch als hilfreich bei der Suche nach Sinn und Bedeutung erweisen: Es lenkt die Deutungsarbeit auf unvorhergesehene Bahnen. Erst recht erkundet eine kreative, experimentelle, neue Interpretation die hermeneutische Fülle: Die Fülle der Deutungsmöglichkeiten sorgt dafür, dass die Arbeit der Hermeneutik, die dem Leben Sinn gibt, niemals an ein Ende kommt.

Indem diese Arbeit bewusst betrieben wird, eignet das Subjekt der Lebenskunst sich selbst *hermeneutische Macht* an, um nicht von der Deutungsmacht Anderer abhängig zu sein, wenn es darum geht, den Sinn des Lebens zu finden. In der Deutung kann nämlich in der Tat Macht verborgen sein, die auf subtile Weise in Interpretationen zum Ausdruck kommt, die nicht als solche ausgewiesen sind, da sie die Selbstverständlichkeit einer Wahrheit für sich in Anspruch nehmen. Lebenskunst macht aus der Arbeit der Deutung eine reflektierte Tätigkeit und begründet eine *autonome Hermeneutik*, die dem Subjekt erlaubt, sich selbst aufs Verstehen zu verstehen und eigenständig Bedeutung zu erschließen, statt weiterhin einer heteronomen, von Anderen bestimmten Hermeneutik unterworfen zu bleiben – ein Element der Selbstsorge und Ausdruck von Selbstmächtigkeit.

Der privilegierte Gegenstand der autonomen Hermeneutik aber ist die Deutung des eigenen Lebens. Um ihrer willen bedarf das Subjekt einer gewissen Distanz zu sich, denn dies hat den Vorteil, wie von einem Punkt außerhalb seiner selbst auf sich und das eigene Leben zu blicken, das gelebte Leben zu rekapitulieren, dessen Zusammenhänge zu deuten und in Bezug zu jenem Verständnis des schönen und wahren Lebens zu setzen, das der Existenz grundlegende Bedeutung verleihen kann und einen Begriff vom »Glück« zu geben vermag. Mithilfe von Deutung und Interpretation wird der Sinn des Lebens konstituiert, der ultimative Sinn aber könnte in der Tat das *schöne Leben* sein. In diesem Sinne lässt sich der antike und humanistische Begriff des »Schönen« für die Lebenskunst erneut heranziehen, jedoch nicht so sehr inhaltlich, sondern, wie es den Bedingungen der Moderne angemessen ist, eher formal definiert. Ist ein Leben ohne Orientierung am Schönen überhaupt möglich?

Das Ziel der Lebenskunst:
Sich ein schönes Leben machen

Lebenskunst ist das, was übrig geblieben ist nach dem Ende der großen Entwürfe zur Beglückung der Menschheit: Die Rückkehr zum Selbst, zum einzelnen Individuum, das neu damit beginnt, sich selbst zu gestalten, das Leben zu gestalten und nicht die alten Illusionen zu hegen. Lebenskunst, das ist die Renaissance des Individuums, das einst, zu Zeiten der großen Utopien, in der Apotheose der Gesellschaft unterzugehen drohte, und das nun gezwungen ist, in der Zeit der Abwesenheit großer Hoffnungen sein Leben selbst zu führen. Die Bedeutung des Individuums wird affirmiert durch die Philosophie der Lebenskunst, aber die Betonung des *Individuellen*, der Eigenständigkeit des jeweiligen Individuums, ist nicht zu verwechseln mit der Bestärkung eines neuen *Individualismus*, einer Fixiertheit des Individuums auf sich selbst. Letzterem will die Lebenskunst nicht Vorschub leisten, und zwar nicht etwa aus moralischen Gründen, sondern aus der Einsicht heraus, dass jede Egozentrik eine unkluge Engstirnigkeit darstellt, die die Angewiesenheit auf Andere und das Eingebettetsein in die Gesellschaft in ihrer Bedeutung für die Realisierung des individuellen Lebens verkennt. Um Lebenskunst bemüht sich das Individuum, das sich nicht von individualistischer Arroganz leiten lässt, sondern sich selbst zu führen, ein reflektiertes Verhältnis zu sich selbst zu begründen, starke Beziehungen zu Anderen herzustellen und sich an der Gestaltung von Gesellschaft zu beteiligen versucht.

Die so verstandene Selbstgestaltung des Individuums führt zu jenem Begriff, der von Michel Foucault im Umfeld seiner

Arbeiten über die antike philosophische Lebenskunst formuliert worden ist und der so außerordentlich viel Interesse auf sich gezogen hat: *Ästhetik der Existenz*.[*] Der Begriff vereint eine Reihe von Aspekten in sich, die für den bunt schillernden Eindruck verantwortlich sind, den er macht, die jedoch allesamt für eine reflektierte Lebenskunst unverzichtbar sind. Diese kann sich nur dort entfalten, wo das Individuum eine eigene Macht ins Spiel zu bringen und sich dadurch Freiheitsräume zu sichern versteht. Der bereits eingeführte Begriff der *Selbstmächtigkeit* tritt hier erneut hervor als erster Aspekt der Ästhetik der Existenz, als Begriff einer anderen Macht, einer selbstreflexiven Macht – Macht, die das Selbst auf sich selbst wendet, die es in reflektierter Weise gebraucht und die es auch nach Außen, gegen die Bevormundung durch heteronome Mächte zu wenden weiß. Es ist die Einführung eines anderen Machttypus, der in der Lebenskunst wirksam wird, eine Macht höheren Typs, nämlich Macht über die Macht zu gewinnen, die einzig mögliche und sinnvolle »Supermacht«. Wenn die Macht darin besteht, über Möglichkeiten der Einwirkung auf etwas oder jemanden zu verfügen, dann kann dies auch in einer Einwirkung auf die Macht selbst zum Ausdruck kommen, und die Reflexivität gewinnt dabei die Form, die Macht zurückzubiegen auf sich selbst. Es kann nicht um das rücksichtslose Ausleben eigener Freiheit gegenüber Anderen gehen, die eigene Machtausübung muss vielmehr reflektiert werden; die reflektierte Kunst hält die Macht über die Macht aufrecht, kontrolliert ihren maßvollen Einsatz und achtet auf Umkehrbarkeit. Die Selbstmächtigkeit geht mit Selbstverantwortlichkeit einher;

[*] Vgl. Wilhelm Schmid: *Auf der Suche nach einer neuen Lebenskunst. Die Frage nach dem Grund und die Neubegründung der Ethik bei Foucault* (1991). suhrkamp taschenbuch wissenschaft, Frankfurt a. M. 2000.

anstelle der *exzessiven* steht eine *asketische* Macht in Frage: Macht noch über den eigenen Machttrieb zu haben.

Auf dieser Grundlage lässt sich die Ästhetik der Existenz – zweiter Aspekt des Begriffs – als Arbeit an der kunstvollen *Gestaltung der Existenz* bezeichnen, durch die das Leben selbst zum Kunstwerk wird. Die Gestaltung der eigenen Existenz begründet die Ästhetik als eine Ethik anderen Typs, die auf das Verschwinden der Verbindlichkeit von Sollensmoralen antwortet. Dem Kunstverständnis in dieser Ästhetik liegt, wie dies mit der Analogie von Kunst und Lebenskunst beschrieben werden kann, ein kreatives Verhältnis des Selbst zu sich selbst zugrunde. Das Selbst strukturiert und gestaltet das Material, das das eigene Leben ist, überlässt diese Arbeit nicht mehr einem anonymen Sollen, sondern vollzieht sie gemäß einer eigenen Wahl, um dem Leben Stil und Form zu geben und eine Existenz des Maßes zu verwirklichen (Produktionsästhetik). Ein besonderer Aspekt dieser Gestaltung kann die äußerliche Darstellung der Existenz sein, die Art und Weise, sie in den Augen der Anderen erscheinen zu lassen, von denen sie wiederum beurteilt wird (Rezeptionsästhetik).

Der *Akt der Wahl* selbst ist der dritte Aspekt der Ästhetik der Existenz, deren Begriff sich, bei Foucault, in Anlehnung an ihre Ausprägung in der Antike, Seite an Seite mit der »persönlichen Wahl« findet. Um die Wahl herum gravitiert dieses Konzept, denn sie ist der stärkste Ausdruck der Selbstmächtigkeit; mit ihrer Hilfe setzt das Selbst die Maxime in Kraft, mit der es seine Haltung begründet und seinem Verhalten die Regel gibt, um so sein Leben zu gestalten. Daraus folgt nicht, dass immer und unter allen Umständen frei gewählt werden könnte, aber selbst im Bereich dessen, was hinzunehmen ist, ist eine Wahl zu treffen über den Gebrauch, der davon zu machen ist, sowie über die Art und Weise, damit umzugehen. Mit der Wahl, die das Subjekt selbst trifft, wird die Ästhetik der Existenz zur Selbstgesetzgebung; das Subjekt begründet sein Sollen selbst.

Die Wahl ist keine beliebige Wahl, da sie auf der Grundlage der Urteilskraft getroffen wird, um die sich das Subjekt bemüht und die im Diskurs, in der argumentativen Auseinandersetzung über die Bedingungen, Möglichkeiten und Kriterien der Wahl immer neu zu bilden ist; Urteilskraft jedoch auch auf der Basis einer Sensibilität für die Zusammenhänge, auf die es ankommt und die zu berücksichtigen sind. So wird die Ästhetik der Existenz in ihrem vierten Aspekt zum Begriff für *Sensibilität und Urteilskraft*, und es wird wohl kaum noch zu behaupten sein, eine Ethik sei auf Ästhetik nicht zu begründen: Worauf sonst wäre sie zu begründen? Da die Fähigkeit zur sinnlichen Wahrnehmung für die Ausbildung der Sensibilität eine starke Rolle spielt, ist es ein Charakteristikum der Ästhetik der Existenz, Sinne und Sinnlichkeit in ihrer ganzen barocken Fülle zu entfalten, sie geradezu systematisch auszuarbeiten und auch dies als Arbeit an sich selbst und Lebensarbeit zu verstehen. Es geht jedoch nicht nur um die Sensibilität des empfindsamen Subjekts, sondern im weiteren Sinne um eine politische Sensibilität, die auch die gesellschaftlichen Verhältnisse wahrnimmt, die für die Lebensmöglichkeiten des Selbst und der Anderen Bedeutung haben.

Der fünfte und leitende Aspekt aber besteht darin, der eigenen Existenz das »Profil einer sichtbaren Schönheit« zu verleihen – von der *Realisierung von Schönheit* ist in der Tat die Rede, wenn Foucault von der Ästhetik der Existenz spricht: Es kommt darauf an, der Existenz »die Form zu geben, die die schönstmögliche« ist, und selbst die Arbeit zu leisten an der »Schönheit seines eigenen Lebens«. Der Begriff des Schönen kehrt somit in den Ästhetik-Diskurs zurück, aus dem er für eine gewisse Zeit abwesend war, denn vorsätzlich

»nicht schön« wollte die Kunst der Avantgarden nach der Erfahrung der Weltkriege im 20. Jahrhundert sein, und der Ästhetik-Diskurs ist ihnen hierin gefolgt und hat auf den Begriff des Schönen gänzlich verzichtet, während in der Alltagssprache unverdrossen und undefiniert weiterhin davon Gebrauch gemacht wurde. Zur Beantwortung der Frage, was im Hinblick auf die Ästhetik der Existenz unter dem Schönen verstanden werden könnte, kann Foucault allerdings nicht herangezogen werden, denn er definierte den Begriff nicht weiter. In der Geschichte des Schönen wiederum sind dessen Definitionen Legion; allein in der neuzeitlichen und modernen Geschichte war »schön« unter anderem die Regelmäßigkeit von Proportionen und die Zweckgerichtetheit ihrer Anordnung (Berkeley), die Vollkommenheit der sinnlichen Erkenntnis (Baumgarten), der unmittelbar sinnliche Eindruck, der ein zärtliches Gefühl erzeugt (Burke), das, was »ohne Begriff allgemein gefällt« (Kant), oder das »höchste Zeichen von Macht, nämlich über Entgegengesetztes« (Nietzsche).

Für die Lebenskunst und Ästhetik der Existenz in einer anderen Moderne gilt es, den Begriff des Schönen neu zu definieren, und zwar in einer Weise, die für die Bestimmung des Schönen und seine Renaissance Bedeutung haben könnte, in jedem Fall aber für die Philosophie der Lebenskunst unverzichtbar ist. Diese Definition vereint ethische und ästhetische Dimensionen in sich: Schön ist das, was als *bejahenswert* erscheint. Als *bejahenswert* erscheint etwas in einer individuellen Perspektive, die keine Allgemeingültigkeit beanspruchen kann, bezogen auf das Subjekt selbst, auf sein Leben, auf Andere, auf Verhältnisse, auf Dinge und Objekte, Formen und Inhalte, zu denen jeweils eine starke Beziehung hergestellt wird, die nicht die Nicht-Beziehung der Gleichgültigkeit ist. Die Ästhetik der Existenz bezeichnet somit das

Charakteristikum einer Existenz, die – in den Augen des Individuums selbst wie in den Augen Anderer – als bejahenswert und in diesem Sinne schön erscheint. Das darf jedoch nicht zu einem *ästhetizistischen Missverständnis* führen: Die eigentliche Macht der Schönheit liegt dabei nicht in der Perfektionierung, oberflächlichen Glättung und Harmonisierung der Existenz, sondern in der Möglichkeit ihrer Bejahung. Bejahenswert kann keineswegs nur das Angenehme, Lustvolle oder, wie es im ausgehenden 20. Jahrhundert gerne genannt wurde, das »Positive« sein, sondern ebenso das Unangenehme, Schmerzliche, Hässliche, »Negative«. Die Ästhetik der Existenz umfasst auch das Misslingen, entscheidend ist, ob das Leben insgesamt als bejahenswert erscheint.

Wenn das Motiv dafür, das Leben überhaupt zu gestalten, von der Kürze des Lebens herrührt, dann der Anstoß dazu, es *schön* zu gestalten, von der Sehnsucht nach der Möglichkeit, es voll bejahen zu können. Denn nur dann wird die Selbstachtung bestärkt, die, auch angesichts widriger Umstände, enorme Kräfte freisetzen kann. Gegenüber dem Sein des gelebten Lebens kommt ein selbst gewähltes Sollen im Hinblick auf ein mögliches Leben ins Spiel, eine Idee des eigenen Lebens, die die uneingeschränkte Bejahung zu ermöglichen verspricht, hinter der zurückzubleiben den Verlust der Selbstachtung mit sich brächte. Das Schöne ist der Leitstern und der »seltsame Attraktor«, der das Leben neu zu orientieren vermag: Schön ist das, wozu das Individuum Ja sagen kann. Vor diesem Hintergrund kann der grundlegende Imperativ der Lebenskunst formuliert werden, der jeden einzelnen Schritt des Individuums in den Horizont der Gesamtheit der Existenz stellt und nur vom Individuum selbst in Kraft gesetzt werden kann, ein *existenzieller Imperativ*: Gestalte dein Leben so, dass es bejahenswert ist.

Nur als ästhetisches, nämlich bejahenswertes Phänomen

ist das Dasein, in Anlehnung an Nietzsche, »gerechtfertigt«. In diesem Sinne gibt die Ästhetik der Existenz eine Antwort auf die Frage nach dem Sinn des Lebens, die im 20. Jahrhundert eine so erstaunliche Konjunktur erlebt hat und nahezu jedes Individuum in den modernen Gesellschaften erfasste. Denn diese Frage dürfte identisch mit der Suche nach Bejahenswertem sein; sie brach auf, als vieles an Bejahenswertem, das fraglos in Formen und Inhalten der Tradition, der Religion und der Kultur niedergelegt war, fragwürdig wurde. Dasjenige, wonach das Individuum sucht, ist das, wofür es sich zu leben lohnt, dasjenige Schöne, für das es mit seinem Leben einzustehen bereit ist. Eine Bastion des Bejahenswerten bildet geradezu das, was mit dem Begriff des »Glaubens« bezeichnet wird, auch in säkularer Hinsicht und bezogen auf das Individuum: Im persönlichen Glauben ist all das Bejahenswerte einer individuellen Ästhetik der Existenz versammelt, an dem die Lebensführung orientiert werden kann; es stellt den Prüfstein dar, an dem das eigene Leben immer wieder zu messen und zu beurteilen ist. Wenn aber das Leben so, wie es gelebt wird, nicht bejahenswert ist, ist es zu ändern, denn es gibt nur diese eine »Sünde wider den heiligen Geist«: Ein Leben zu führen, das nicht bejaht werden kann.

Das bejahenswerte Leben ist zugleich das »wahre Leben«, das auch gegen Widerstände, gegen Anfeindungen, gegen Repressionen gelebt werden kann. Zu meinen, dies habe zwar unbestreitbar eine persönliche Dimension, erschöpfe sich aber auch darin, trifft die Brisanz des wahren, schönen Lebens nicht. Die Ästhetik der Existenz ist auch *politisch* zum Argument zu wenden, um an gesellschaftlichen Verhältnissen zu arbeiten, die bejahenswerter sein könnten als die gegenwärtigen, und die im Gegenzug wiederum eine bejahenswertere Existenz ermöglichen würden. In keiner Weise ist mit der Rede von Bejahenswertem schon eine Aussage darüber gemacht, ob das Bestehende auch das Bejahenswerte sei – das Bejahenswerte kann sich vielmehr von Bestehendem, das als nicht bejahenswert erfahren wird, abheben und eine Idee des möglichen Anderen konzipieren, das als schön betrachtet wird und erotisierende Wirkung hat. Ohne Bejahenswertes aber gibt es keine Erotik der Existenz und kein erotisches Verhältnis zur Arbeit an Veränderungen. Es war daher nicht sinnvoll, die »Negation«, wie dies lange der Fall war, zur einzig legitimen Haltung zu erheben, und die »Affirmation«, die zweifellos mit Bejahenswertem verbunden ist, als bloße »Zustimmung zur Welt« von Grund auf in Abrede zu stellen. Wichtiger ist es, die blinde durch eine *aufgeklärte Affirmation* zu ersetzen, deren Begriff der Schönheit nicht dazu dient, über Probleme hinwegzutäuschen und Kompensation zu betreiben.

Dies vorausgesetzt, kann die Lebenskunst jedoch sich anschicken, das Leben durch die Arbeit an einer Ästhetik der Existenz zu »verschönern«, wie ihr ohnehin gerne nachgesagt wird. Lebenskunst kann – vor dem Hintergrund der genannten Aspekte – heißen, *sich ein schönes Leben zu machen*, im Sinne von: Das Leben bejahenswerter zu machen, und hierzu eine Arbeit an sich selbst, am eigenen Leben, am Leben mit Anderen und an den Verhältnissen, die dieses Leben bedingen, zu leisten. Die Selbstmächtigkeit, die kunstvolle Gestaltung der Existenz, der Akt der Wahl, die Sensibilität und Urteilskraft, die Realisierung von Schönheit: All diese Momente kommen darin überein, zu einem *erfüllten Leben* beizutragen, das bejahenswert ist. Dieses Leben besteht nicht nur aus Glücksmomenten, die Widersprüche sind aus ihm nicht ausgeschlossen, sondern bestenfalls zu einer spannungsvollen Harmonie zusammengefügt; es handelt sich nicht unbedingt um das, was man ein leichtes Leben nennt, eher um eines, das voller Schwierigkeiten ist, die zu bewältigen, ja sogar zu suchen sind, voller Widerstände, Komplikationen, Entbehrungen, Konflikte, die ausgefochten oder ausgehalten werden – all das, was gemeinhin nicht zum guten Leben und zum Glücklichsein zählt. Erst in der Bedrängnis leuchtet das Schöne.

Jedenfalls meint das schöne Leben nicht das *moderne konsumtive Glück*, das von der Spirale des Verbrauchs und des Verschleißes nicht nur der Güter, sondern auch der Beziehungen lebt, meist als angenehmer Dauerzustand vorgestellt, voller Lust, ohne Schmerz, voller Nichtstun, ohne Arbeit – ein Zustand, den die meisten nicht erreichen und darob unglücklich sind, während die, die ihn erreichen, auch nicht zu beneiden sind, denn es gibt keine Erholung von diesem Glück. Wenn für das andersmoderne schöne Leben der Begriff des Glücks überhaupt eine Rolle spielt, dann eher der wiedergewonnene des *antiken autarken Glücks*, zurückzubeziehen auf die aristotelische und epikureische Eudaimonia sowie die stoische Beatitudo: Es beruht auf der Selbstaneignung und Selbstmächtigkeit des Individuums, das ideelle Güter weitaus höher als materielle schätzt, und ein Leben führt, das seine eigenen Lüste und Genüsse kennt, vor allem nämlich Lüste des Gebrauchs, die aus einer asketischen Anstrengung resultieren, ausgehend von einer Wahl, die das Individuum trifft, um das »beste Leben« zu realisieren. Abweichend von der antiken Konzeption, und in Anlehnung an romantische Vorstellungen, hält sich das Subjekt der Lebenskunst in einer anderen Moderne jedoch auch offen für das *tychische Glück*, den göttlichen Zufall, die *Tyche*, den Augenblick, den das Selbst nur bedingt herstellen, für den es im fraglichen Moment aber bereit sein kann. Dieses Glück ist eines, das für einen Moment die Zeit vergessen lässt und den unscheinbarsten Ort zum Universum macht, ein schöner Augenblick, der das Maß, die Existenz und selbst die

Geschichte sprengt, und von dem sich, wenn überhaupt, nur zärtlich, also poetisch reden lässt, eine persönliche und durchaus keine öffentliche Angelegenheit. Diesen Augenblick zu leben und auszukosten und wieder gehen zu lassen ohne Arg, gehört zur Lebenskunst, für die es unerheblich ist, wenn sie abschätzig mit dem »Solipsismus des gegenwärtigen Augenblicks« assoziiert wird. Auch wenn die Lebenskunst wenig mit den gängigen Vorstellungen vom leichten Leben zu tun hat, so gewährt sie doch mit Leichtigkeit dem glücklichen Augenblick sein Recht, und das Subjekt der Lebenskunst scheut sich nicht, sich auch in diesem ganz gewöhnlichen Sinne gelegentlich – ein schönes Leben zu machen.

Textnachweis

»Exkursion in die Philosophie«: Edward Hoppers Bild und
Warten auf das Leben und die Suche nach einer neuen Lebenskunst
Aus: Wilhelm Schmid, *Philosophie der Lebenskunst*, 1998, S. 15-26; stellen-
weise modifiziert.

Einige Grundfragen der Lebenskunst und das finale Argument
Aus: Wilhelm Schmid, *Philosophie der Lebenskunst*, 1998, S. 88-94; stellen-
weise modifiziert.

Arbeit der Sorge: Das Netz der Gewohnheiten knüpfen bis zu
Einsetzen von Lebenskunst: Gelassenheit
Aus: Wilhelm Schmid, *Philosophie der Lebenskunst*, 1998, S. 325-398; stel-
lenweise modifiziert.

Der Lebensstil des ökologischen Selbst
Aus: Wilhelm Schmid, *Philosophie der Lebenskunst*, 1998, S. 430-435; stel-
lenweise modifiziert.

Lebenskunst im Cyberspace
Aus: Wilhelm Schmid, *Philosophie der Lebenskunst*, 1998, S. 133-139; stel-
lenweise modifiziert.

Fitness? Wellness? Gesundheit als Lebenskunst
Text basierend auf einem Vortrag an der Evangelischen Akademie Nord-
elbien, Bad Segeberg, Januar 2000, im Rahmen einer sportwissen-
schaftlichen Tagung der Universität Hamburg.

Die Wiederkehr der Heiterkeit: Zur Rehabilitierung eines philosophischen Begriffs
Text basierend auf der Antrittsvorlesung als Privatdozent, Pädagogische
Hochschule Erfurt, April 1999. Erstveröffentlichung: *DIE ZEIT* Nr. 41 v.
7. 10. 1999, S. 51. Erweiterter Nachdruck: *Kursiv*, Kunstzeitschrift, Linz, 6
(1999), S. 10-16.

Der Weg zum Glück und die Kunst, dem Leben Sinn zu geben
Text basierend auf einem Vortrag an der Evangelischen Akademie
Tutzing, Mai 1999.

Das Ziel der Lebenskunst: Sich ein schönes Leben machen
Aus: Wilhelm Schmid, *Philosophie der Lebenskunst*, 1998, S. 165-172; stel-
lenweise modifiziert.

Bibliothek der Lebenskunst

Die Bibliothek der Lebenskunst greift die alte Frage nach der »richtigen« Gestaltung des Lebens auf. Sie versteht sich als eine Sammlung von Reisebegleitern durch unsere Lebenswelten. Die Bibliothek bewegt sich zwischen Literatur und Wissenschaft, lädt ein zum Denken, macht Lust zum Philosophieren – und auf die Kunst zu leben.

Eine Auswahl

Iso Camartin
Belvedere. Das schöne Fernsehen
150 Seiten. Gebunden

Schönes Fernsehen, gibt es das? Dient die Unterhaltung nicht zunehmend der Geistaustreibung? Muß Kultur allem Gefälligen weichen? Mit viel Scharfsicht und Phantasie entfaltet Iso Camartin, der während seiner Zeit beim Schweizer Fernsehen DRS Einblick in den Fernsehbetrieb gewonnen hat, die Idee einer intelligenten Form von Kulturvermittlung: Statt nur auf die Quoten zu blicken, sollten Geschichten erzählt werden, Geschichten aus Literatur, Philosophie und Musik, die dem Zuschauer auch nach dem Abschalten in Erinnerung bleiben. So könne das Fernsehen »lohnend wie eine Dante-Lektüre« werden, geistreich und – schön.

Hans-Martin Gauger
Vom Lesen und Wundern
Das Markus-Evangelium
136 Seiten. Gebunden

Warum gerade Markus? Seine Schrift ist die älteste; was
die Schriften über Jesus angeht, hat mit Markus alles begonnen.
Das Buch versucht, sich fragend in einen fernen Text hin-
einzudenken. Es will, mit seinem Leser, den »Markus« lesen, das Evangelium nach Markus.
Je näher der Sprachwissenschaftler Hans-Martin Gauger
mit seinen Fragen dem Text zu Leibe rückt, um so mehr
wird Markus zu einem Reisebegleiter in eine biblische
Landschaft, und was Gauger darin entdeckt, stellt Denken und Glauben auf die Probe.

Hans Ulrich Gumbrecht
Lob des Sports
Aus dem Amerikanischen von Georg Deggerich
176 Seiten. Gebunden

Worin besteht die Faszination des Sports? Ist es die ex-
treme körperliche Leistung, der spannende Wettbewerb
oder gar die Sehnsucht nach Schönheit und Vollendung,
die uns zu Bewunderern von Sportlern wie Jesse Owens
und Pelé macht? Hans Ulrich Gumbrecht untersucht ein
markantes Phänomen unserer Tage und beschreibt Augenblicke eigener Faszination. Er läßt den Leser teilhaben
am ästhetischen Erleben sportlicher Höhepunkte und
gibt – mit erzählerischer und philosophischer »Anmut« –
dem Geist dort Raum, wo er in der Regel ausgegrenzt zu
sein scheint: auf dem Gebiet des Körperlichen. Hier wie
dort gilt: citius, altius, fortius!

Durs Grünbein
An Seneca. Postskriptum
Seneca. Die Kürze des Lebens
Aus dem Lateinischen von Gerhard Fink
88 Seiten. Gebunden

»Durs Grünbein stürzt Seneca vom Sockel, aber in dem
Zwielicht, das ›Brandfleck Nero‹ wirft, zeigt sich eine
moderne Gestalt, zerrissen zwischen Macht und Moral,
mit einem tief gespaltenen Ich. Neu bedenkenswert, keine
Zeitverschwendung.« *Frankfurter Rundschau*
»Der poetischen Zwiesprache unter Dichtern zweier
Spätzeiten ist ein schönes Stück Grünbein'scher Prosa
zugesellt.« *Neue Zürcher Zeitung*

Jochen Hörisch
Es gibt (k)ein richtiges Leben im falschen
104 Seiten. Gebunden

Aus welcher Perspektive ist ein Leben falsch oder richtig?
– Dieser vielzitierte Satz Adornos darf in einer Bibliothek, die die Frage nach dem guten, vielleicht richtigen
Leben stellt, nicht ununtersucht bleiben. »Darüber, was
die richtigen Bars, die richtigen Klamotten und die richtige Musik sei, gibt es nicht enden wollende Debatten.
Fragen nach dem ›schöner Leben‹ ersetzen die ethischen
und religiösen Fragen.« Diesen Fehler im Webmuster des
Lebens, des Denkens aufzuspüren, macht Jochen Hörisch
sich auf.

Alexander Kluge
Die Kunst, Unterschiede zu machen
112 Seiten. Gebunden

»Behauptet einer, er könne mit Fakten umgehen, ohne sich etwas dazuzudenken, ohne zu fälschen, dem glaube ich nicht. Aber aus einem, der lügt, aus dessen Lügen kann ich immer noch ein Stück Fakt herausentwickeln.« Alexander Kluge hält ein Plädoyer für die massenhafte Produktion von Unterscheidungsvermögen. Gleichzeitig erklärt Kluge seinen Argwohn gegenüber der Übermacht des Faktischen. Durch die Enttarnung von Gefühlen und Empfindungen als zerstörerische Geheimagenten verwandelt er Fakten in Erzählungen. So wird aus der Kunst, Unterschiede zu machen, die Kunst des Erzählens.

Detlef B. Linke
Hölderlin als Hirnforscher
176 Seiten. Gebunden

»Mit der Äußerung, daß ich Hölderlin für einen Hirnforscher halte, meine ich es sehr ernst. Mit seiner Rhythmustheorie formuliert Hölderlin eine Theorie der kognitiv-emotionalen Leistungen, der menschlichen Geistestätigkeit insgesamt, die Anschluß an die gegenwärtige Hirnforschung gewinnen kann, dabei aber in ihrer Komplexität und Integrationskraft darüber hinausgeht.« Der Hirnforscher, Arzt und Philosoph Detlef B. Linke reflektiert über Neuropsychologie und Lebenskunst und entwirft mit Hölderlin ein Konzept menschlichen Denkvermögens, das der Freiheit, dem Respekt vor dem anderen und der Liebe verpflichtet ist.

Adolf Muschg
Von einem, der auszog leben, zu lernen
Goethes Reisen in die Schweiz
88 Seiten. Gebunden

»Man reise in die Schweiz, um Bilder zu finden, die der eigenen Seele glichen, aber noch mehr, um Zuflucht zu suchen vor der Hauptfrage, die einen flüchtig gemacht hatte: Wer bin ich? Moderner gesprochen: Was ist ›Ich‹?« Als analytischer und einfühlsamer Reisebegleiter Goethes vermittelt Adolf Muschg etwas vom Handwerk des Lebens und nicht nur von Goethes Lebenskunst.
»Über beide, die Schweiz und Goethe, erfährt man aus Muschgs gescheitem Buch Erhebliches … ein lichtvoller und klarer Essay.« *Andreas Dorschel, Süddeutsche Zeitung*

Hannelore Schlaffer
Das Alter
Ein Traum von Jugend
112 Seiten. Gebunden

»Eigentlich gibt es kein Alter, denn wer alt und glücklich ist, kann sich für jung halten.« Von der Antike bis zu den »Uhus« (den »Unterhundertjährigen«) unserer Zeit sucht Hannelore Schlaffer viele Figuren und Orte des Alterns und Alters auf. Sie entdeckt in den herrschenden Leitbildern unserer Gesellschaft eine ganze Kultur, die mit der Abwehr von Krankheit und Tod beschäftigt ist. Nur eins hat sich wahrscheinlich seit der Antike nicht geändert: »Die Art, wie Männer sich das Alter ausmalten und wie Frauen es erlebten und erleben, hat wenig miteinander zu tun.«

Wilhelm Schmid
Mit sich selbst befreundet sein
436 Seiten. Gebunden

»Mit sich selbst befreundet sein«, davon sprach schon
Aristoteles. In der antiken Philosophie galt das Erlernen
des Umgangs mit sich selbst als Voraussetzung für den
Umgang mit anderen. In dem Maße, in dem ein Selbst die
Beziehung zu sich gestaltet, wird es fähig zur freien Gestaltung der Beziehung zu anderen, und darum geht es bei
der Arbeit an sich selbst in diesem »Handbuch der Lebenskunst«.